Joy at Work

ジョイ・アット・ワーク

片づけで
ときめく働き方を
手に入れる

近藤麻理恵
スコット・ソネンシェイン
古草秀子 訳

Marie Kondo
Scott Sonenshein

河出書房新社

はじめに

机の上はいつも書類が山積み（明日提出のあの書類はどこだっけ？）。

処理しても処理しても終わらないメール（「昨日メールした件だけど……」って言われてもどのメール？）。

スケジュールは、会いたくもない人たちとの時間で埋《う》められる——。

「……毎日こんな風に過ごしているけど、本当は何をしたかったんだっけ？」

「to doをこなすだけの人生でいいんだっけ？」

「もう、なんの判断もつかない」

仕事もキャリアもごちゃごちゃな毎日。なんとかならないの？

もしもあなたがこんな状態なら、やるべきことは一つ。片づけです。

といってもこの本は、ただの仕事場の片づけノウハウを伝える本ではありません。

仕事場はもちろん、デジタルデータや時間、決断、人脈、会議など、物理的にも非物理的にも、あらゆるものを片づけて、ときめく働き方を手に入れること。これが、この本の目的です。

「ただでさえ時間がないのに、職場の片づけなんてしている暇《ひま》はない」
「決めなければならないことがありすぎて、片づけなんてムリ」
「前に書類を一気に片づけたけど、あっという間にリバウンドしちゃったし……」

そんな風に、片づけに対して諦《あきら》めの気持ちを持ってしまっている方。

「片づけたところで、ムダな会議で1日中座ってなくちゃいけないのは変わらない」
「仕事はコントロールできないことも多いから、〝ときめく〟とか無理でしょう」

と、そもそも仕事を楽しむことに対して、後ろ向きな気持ちになってしまっている方も多いかもしれません。

ところが、**正しい方法で片づけをすることで、仕事を楽しむことは可能になる**のです。

私は5歳のときから片づけに興味を持ったことをきっかけに、中学・高校時代と片づけの研究を続け、大学在学中の19歳のときから、片づけコンサルタントとしてのキャリアを歩み出しました。それ以降、たくさんの方の片づけ指導をしてきた中で編み出したのが、「こんまりメソッド」という片づけ法です。

こんまりメソッドの大きな特徴は二つ。

一つめは、**一度片づけたら二度と散らからない、シンプルな片づけ法**であること。

二つめは、**「ときめくモノを選ぶ」という選択基準**です。この基準で片づけをすることで**自分の心と向き合い、人生において何を大切にしたいのかという価値観を見つけ出すことができます。それによって片づけ後の行動が変わり、人生そのものがよい方向に変わっていく**のです。

このメソッドについてご紹介した拙著『人生がときめく片づけの魔法』は、現在世界40ヶ国で１２００万部を突破し、今では世界中で片づけの方法と効果について広める活動をしています。

そんな中、いただいたリクエストの中でも多かったテーマの一つが、今回の本のテーマである「仕事場の片づけ」と、「ときめく働き方」についてだったのです。

ところで、私の経歴を聞くと、あくまでも私は「おうちの片づけの専門家」で、オフィススペースの片づけや、ましてや働き方についての話題とは縁遠いイメージを持たれる方がいらっしゃるかもしれません。

じつは私は大学卒業後、一般企業に勤務しながら、経営者の方向けにオフィスでの片づけレッスンをしていた時期がありました。

同時に勤めていた会社内でも、同僚や上司に対してデスクの片づけアドバイスを頼まれるようになりました。やがて、業務時間外のほとんどの時間が片づけの仕事で埋まるようになったことがきっかけで、会社を退職して、片づけコンサルタントとして独立するようになったというキャリアがあるのです。

現在では私のお弟子《でし》さんたちが、「こんまりメソッド」を使ったオフィスでの片づけレッスンや講演活動を行い、その知見を随時《ずいじ》チームで共有しながら情報をアップデートしています。

こうした活動を続けるにつれ明らかになってきたのは、仕事場を片づけることで、いかに仕事がうまく回り始めるか、そして仕事に対するときめき感がアップするか、ということです。

たとえば、オフィスを片づけたら生産性が上がって業績が20％伸びたり、2時間早く帰れるようになったり。片づけをすることで自分の仕事の意義を見直して、さらに仕事に打ち込めるようになったり……。物理的にも精神的にも、ワークスタイルが好転していくたくさんの例を目《ま》の当たりにしてきました。

家を片づけると人生がときめくのと同じように、ワークスペースを片づけることでキャリアがときめく、整う、うまくいく。その秘訣について、この本ではご紹介していきたいと思っています。

もちろん、仕事においては、会社の規定や上司との関係など、個人のときめきだけでは判断できない部分もあります。

また、仕事をスムーズにするために必要なのは、オフィスの片づけだけではありません。メールやデジタルデータ、タスクや会議など、仕事にまつわるあらゆることを片づけて初めて、ときめくワークスタイルが手に入ります。

そこで、この本の共著者であるスコット・ソネンシェイン教授の登場です。

スコット教授は、ライス大学のビジネススクールの教授であり、組織心理学者。個人の働き方はもちろん、組織内でのコミュニケーションやビジネス上の問題解決など、さまざまな分野から有意義で幸せなキャリアづくりを目指す研究を続けています。彼の本『ストレッチ』は、あらゆる研究から導き出した「すでに持っているものをよりよく使うことで、人々が仕事で成功と満足を見つけるための方法」を紹介し、アメリカでベストセラーとなりました。

つまり**スコット教授は、世界最前線の「ときめくキャリアづくり」の専門家**なのです。

今回の本づくりにおいて、片づけやキャリアに関する科学的研究やデータなどを多数ご提供いただきました。また、片づけの非物理的な問題については、スコット教授からもレッスンしていただいています。

この本では、1章で片づけにまつわるあらゆるデータをご紹介することで、あなたの片づけモチベーションをグッと上げていただき、2章と3章ではワークスペース、4章ではデジタルデータの片づけについて、5章から9章では時間、決断、人脈、会議、チームの片づけを、10章では片づけの魔法をシェアする方法についてお伝えします。最後の11章では、片づけという枠《わく》をこえて、毎日の仕事タイムをときめかせるためにできること、ときめくキャリアを歩むための考え方や心構えについて私のストーリーも交えてご紹介しつつ、「自分にとって本当にときめく仕事人生を送るにはどうしたらいいか」、あなたご自身に考えていただきたいと思っています。

この本によって、あなたがときめくワークスタイルを手に入れることを、私たちは願っています。

近藤麻理恵

Joy at Work◎目次

第2章　片づけでリバウンドしないために

第3章　仕事場を片づける

第4章　デジタルデータを片づける

第5章　時間を片づける

第6章　決断を片づける

第7章　人脈を片づける

第10章　片づけの魔法をシェアする

第11章　もっと仕事で〝ときめく〟ためには

Joy at Work

片づけでときめく働き方を手に入れる

読者のみなさんへ

この本は、近藤麻理恵とスコット・ソネンシェイン、私たち二人による共同執筆で、それぞれが全体のほぼ半分ずつに責任を持つ形になっています。1章から3章、そして11章は近藤麻理恵の担当です。4章から10章まではスコットの担当です。また、近藤麻理恵の各章にはスコットの、スコットの各章には近藤麻理恵のコラムが、適宜《てきぎ》挟《はさ》まれています。

本文中に登場する人物は、実際の人物をモデルにしました。ただし、読みやすさとプライバシー保護のため、一部で仮名を使いました。

Joy at Work

第1章
どうして、片づけが必要なのか?

近藤麻理恵

月曜日に仕事場に行くと、あなたの目に飛び込んでくるものはなんでしょう？

デスクの上には山積みの書類、ちらばったクリップ、いつ届いたのかもわからない郵便物、買いっぱなしの未読本。パソコン周りには大量の付箋《ふせん》がペタペタ貼《は》られ、机の足元には取引先のノベルティグッズが入った紙袋がドサッと置かれ、どこに視線を移してもモノ・モノ・モノ……。

「こんなぐちゃぐちゃなデスクじゃ、まともに仕事できない」

そうため息をついたことがある方も多いのではないでしょうか。

散らかった机が、あなたから奪っているもの

不動産会社に事務員として勤めるアキさんも、散らかったデスクにお悩みを持つ一人です。

彼女のワークスペースは、両腕を広げたほどの幅のデスクに、引き出しが３段ついた平均的なつくりで、決して大きくないサイズのはずなのに、なぜだかいつも必要なモノが見つかりません。打ち合わせ前にはメガネやペンやファイルをバタバタ探して、同じ資料を何度もプリントアウトすることのくり返し。そんな自分に嫌気がさして「いつかデスクを片づけなくちゃ」と思いつつ、夕方になるとおっくうになり、「片づけするのはまた明日」と、その日の書類をバサッと重ねて脇《わき》によせて退社する、そんな毎日でした。

当然、次の日出社したときは必要な資料を探すことからスタートするので、やっとのことでその日の仕事にとりかかる時点では、なんだかドッと疲れているのです。

「この荒れ果てた机にいると気が滅入《めい》りそう」とアキさんは言いましたが、悲しいことに、そう感じるのは気のせいではないのです。

実際、散らかっている状態というのは、私たちの予想以上にさまざまな面でコストがかかっていることが多くの研究により明らかになっています。

１０００人の働くアメリカ人の成人を対象にした調査では、90%の人が「散らかっていることが人生に悪影響を及《およ》ぼしている」と感じていました。[1] 主な理由としては「生産性の低下」「精神状態の悪化」「意欲の低下」「幸福度の減少」など。

散らかった状態は健康にも影響を及ぼします。ＵＣＬＡの科学者の研究によると、周りにあまりにも多くのモノがあると、ストレスホルモンとよばれるコルチゾールの量が増加します。[2] コルチゾールというのは、分泌量《ぶんぴつりょう》が慢性的《まんせいてき》に多くなると、うつ病や不眠症などの精神疾患《しっかん》、生活習慣病などのストレス関連疾患につながりやすくなると言われています。

さらに、最近の神経科学の研究では、散らかっている環境にいるほど、脳にも負担がかかることも明らかになっています。[3] モノが多いと、モノの存在を認識することに脳を使ってしまい、仕事上のタスクや他の人とのコミュニケーションなど、目の前の「やるべきこと」に集中することが難しくなるというのです。

要するに、**散らかっていることで、気は散るわ、ストレスを感じるわ、判断力は落ちるわ、不安感はつのるわ、まるで不幸のデパートのような状態になる**というのです。生まれてこのかた片づけに興味があって、散らかった部屋を見ると片づけたくてウキウキしてしまう私のような人間は、データ上ではかなりまれな存在だということがわかりました。

散らかっていることは、個人の生きにくさだけでなく、企業にとっても大きな問題となっています。

ところで最近あなたは、オフィスで何かをなくしたり、モノがなかなか見つからなかったりした経験はありますか？

オフィスで働く人の半数以上が、書類フォルダや電卓、ＵＳＢ、ブリーフケース、コンピュータ、携帯電話など、毎年少なくとも一つの重要なビジネスアイテムをなくしているといわれています。[4]

モノを紛失《ふんしつ》すると、買い替えにお金がかかる、余計なゴミが出て環境に良くない、大切なモノをなくした精神的ショックなどはもちろん、なにより、モノを探すことによって生じる無駄な時間が大きな問題です。

データによると、モノを探すことにかけている時間は、従業員一人当たりで年間約１週間。つまり、あなたが過ごす４年間のうち１ヶ月は探し物をして終わっていることになります。これによって生じる生産性の低下を金額に換算すると、アメリカの場合だけでも毎年約８９０億ドル（約９兆８０００億円）。これは世界の５大企業の利益の合計の倍以上にあたるそうです。

あまりに莫大《ばくだい》な数字に思わずクラリとしてしまいそうですが、これが事実なのです。散らかっているって、なんて恐ろしいことなんでしょう。

でも、ご安心ください。

これらの問題はすべて、片づけによって改善することができます。

職場を片づけた私に何が起こったか

私が新卒で入社したのは、人材紹介会社です。社会人の仲間入りができたソワソワした嬉しさで浮き足立っていたのもつかの間、早くも試練がやってきました。

私が配属されたのは法人営業部だったのですが、とんと営業成績が上がらない。

もちろん、新人なので初めからそううまくはいかないのがふつうだと思うのですが、15人いた同期の中で、たいてい下から3番以内。

朝早くから出社して、営業電話をかけ続け、やっとの思いでアポがとれたら訪問し、合間に営業先のリストづくり。夜はオフィスの地下にあるうどん屋さんでサッと夕食を食べたらデスクに戻ってせっせと資料をつくる日々。ほとんど休みもせずに仕事をしているはずなのに、それでも結果が出ないのです。

そんなある日。いつも通りに散々だった営業電話のあとにしょんぼり気分で受話器を置きつつ、ふぅ、とため息をつきながら手元に視線を向けたとき、ハタと気がつきました。

机の上が散らかっている。

パソコンのキーボードの横には、古い営業先リストの束、書きかけの契約書、飲みかけの紅茶が入った紙コップ、乾燥《かんそう》した使用済みのティーバッグ、先週から置いてある水のペットボトル、先輩に聞いた「営業のコツ」をメモしたノートの切れ端《はし》、オススメされたものの未読のビジネス書、キャップが取れたペン、資料をとめようと思って置きっぱなしにしていたホチキス……。

なんてことでしょう。私は学生時代から片づけコンサルタントを仕事としていたので、片づけスキルには絶対の自信があったつもりが、このありさま。さすがに入社直後は忙しさに飲まれて片づけの副業をしている暇もなく、自宅での片づけ習慣さえもおろそかにしていて、「片づけのヘンタイ」としての本来の姿を完全に忘れていたのです。

これじゃあ、仕事の成果も上がらないわけだ。

目が覚めた私は、翌朝7時に出社してデスクを片づけることにしました。これまでのおうちでの片づけ経験で鍛えた知識とテクニックを総動員して、片づけること1時間。

あっという間に何も置いていないまっさらなデスクができあがりました。デスクの上にあるのは、ラップトップのパソコンとキーボード、マウス、電話だけ。

この日を境に私の営業成績は一瞬にして右肩上がりに……というわけにはいきませんでしたが、少なくとも**デスクで仕事をしていて気分がいい。ほしい資料がすぐに見つかる。外出する際も手間取ることなく、帰ってきてからもサッと次にやるべきタスクに手を付け**

ることができて、仕事に少しずつときめきを感じることができるようになりました。

そうか。これまでずっと片づけについて研究してきて、おうちを片づけることで、いかに人生にいい影響があるかを考えてきたけれど、職場の片づけも重要なんだ。

仕事場を片づけることで、もっと仕事が楽しく、働くことが好きになれるかもしれない。

片づいてまっさらになった机を前に、そう直感したのでした。

片づけていると、仕事もできるようになる理由

「机の上が散らかっているのが、なんだか恥ずかしくて……」

そう話すのは同僚のリサさん。同じフロアで働く彼女は、せっせと片づけをしている私を見て興味を持ち、片づけの相談をしに訪ねてきてくれたのです。

小さい頃から片づけが苦手で、育った実家もモノが多く、一人暮らしのアパートもなかなかの散らかりようだという彼女。

「生まれてこの方、まともに片づけをしたことがなくて。というより、片づけしなきゃって思ったことすらなかったの」

けれど、オフィスで働くようになってから、どうも自分は周りの人に比べてだいぶ机が

ごちゃごちゃしているようだ、ということに気がつくようになったというのです。

じつは、彼女のようなケースは珍しくありません。

家とオフィスの片づけの決定的な違いは、人の目があることです。家の中の場合、多少モノが多かろうが、床中に服や本が広がっていようが、他の人の目に触れる機会はさほど多くありません。だけど、**オフィスは公共の場です。デスクが片づいているか散らかっているかの差は、おのずとだれの目にも明らかになってしまう**のです。

この問題、思った以上に私たちの職場でのあり方に関わってきます。

職場での評価に関するいくつかの研究によると、仕事空間が片づいている人ほど、より「勤勉」「知的」「野心的」「あたたかい」「落ち着いている」人とみなされやすく、別の研究でも「自信がある」「友好的」「努力家」「優しい」人というイメージが持たれやすいとあります[5]。ここに並んだ言葉たちを見るだけでも、まるでヒーローのような高評価ぶりです。

もちろん、それはイメージだけではなく、結果として片づいている人ほど職場で信頼を得やすく、昇進しやすい、という傾向までもが明らかになっているのです。

また、私たちは周りから期待されていると感じるとセルフイメージが上がり、おのずと仕事の成果が上がりやすくなってくるのだといいます。

これはもともと教育心理学において「ピグマリオン効果」と呼ばれるもので、担任の教師に期待を示された生徒たちはそれに応えようとして成績が向上した……という実験結果に基づいた理論ですが、これはビジネスでの人材育成やマネジメントに活用できる考え方です。

これらの研究をまとめると、ポイントは三つ。まず、**机が片づいていると周りから「人柄が良い」「仕事がデキる人」とみられて評価がアップ。するとセルフイメージが高まって、やる気がアップ。そうすると仕事を頑張れるから、業績もアップ。こんなうれしい好循環が起きてくる**のです。

なんだか、片づけることって、とてつもなくお得なことのように見えてきませんか。

ちなみにリサさんはその後、私のデスクの片づけレッスンを受けて、みるみるうちに営業成績が良くなって上司からの評価も上がり、「だんだん仕事に自信が持てるようになってきたの」と、とてもうれしそうでした。

私はというと、営業成績はともかく、「片づけはデキる人のようだ」という一点については会社内でも高評価をいただいていたようなので、まぁよしとしましょう。

「散らかっているほうがクリエイティブ」は本当か

片づいてさっぱりしたデスクなんて、創造性がなくてつまらない。
「散らかった机が散らかった心を表すというなら、なんにもない机は何を表すというのだろうか」

これは、かの有名な理論物理学者アルバート・アインシュタインが言ったとされる言葉です。本当にアインシュタインがこの言葉を言ったのかどうかはさておき、実際、彼の机の上は、いつも山のように積まれた書類やノートでおおわれて、盛大な散らかり具合だったそうです。

同じように天才画家のパブロ・ピカソも、大量の作品たちに埋もれながら制作活動をしていたとか、アップルの創業者スティーブ・ジョブズも、部屋をあえて片づけないままにしていたとか、そんな「天才たちの部屋は散らかっていた神話」には枚挙《まいきょ》にいとまがありません。

そんな神話を裏付けるように、最近の米ミネソタ大学の研究では、「散らかっている部屋の方が、インスピレーションを生み出す傾向にある」[6]という結果まで出ているのだとか。

そんな話があるからか、「散らかっているデスクのほうが、クリエイティブな感性が刺《し》激《げき》されていいですよね？」と聞かれることも多い昨今《さっこん》。

「ひょっとして、片づけるよりも散らかしたままのほうがいい仕事ができるのかも……」と、この本を読み進めることを迷っているあなたに、簡単なワークをご提案します。

まずは自分の今のオフィスのデスクやアトリエ、仕事場を思い浮かべてみてください。
今デスクに座っている場合は、そのまま自分のデスクの上を見つめてみてください。
ここで質問です。

あなたは今、ここで仕事をすることに、前向きな気持ちになれていますか？
この机で仕事をすることに、毎日ときめいていますか？
自分のクリエイティビティが１００％発揮されていると感じますか？
明日も、そのデスクのもとへ出社したいと思いますか？

いかがでしょう？
これらの答えがすべて迷いなく「イエス」なら、あなたの仕事のときめきレベルはかなりのもの。けれど、これらの質問に対してモヤッとした気持ちになったり、心がズンと沈むような感覚が少しでもあるのなら、片づけを試してみる価値は大いにあります。

これは決して、嫌味《いやみ》やイジワルで言っているわけではありません。
要するに、あなた自身が自分の今いる環境についてどう感じているか、あなたの感覚で向き合っていただきたかったのです。

正直なところ、完璧《かんぺき》に片づいたデスクがいいか、極限《きょくげん》までカオスなデスクがいいのか、そこはあまり重要なポイントではありません。**大切なのは、あなたの場合は、どんな環境ならときめいて仕事ができるのか、あなたなりの「ときめき基準」を知っていること**だからです。

その「ときめき基準」を発見するのに、片づけは大いに役立つのです。

事実、私の片づけレッスンを卒業されたお客様の中にも、片づけが終わってさっぱりとシンプルなおうちになったところ、あとから「やっぱり私は、もう少し装飾がたくさんあるインテリアの方が好みみたい」と気がついて、飾りを付け足すケースもめずらしくありません。自分がどんな環境だとときめきを感じるのかは、片づけをして初めて見えてくることも多いのです。

さて、あなたは「片づいているほうが創造性を発揮できるタイプ」でしょうか、それとも「散らかっているほうが創造性を発揮できるタイプ」でしょうか。

あなたがどちらのタイプだとしても、片づけによって、あなたのクリエイティビティが開花する「ときめく仕事場」の正解を発見するのを、ぜひ楽しみにしていてください

どうして人はモノを持ちすぎてしまうのか？

ある研究によると、散らかっていることが「仕事へのときめき」を損なう理由は二つあると示されています。

まず、モノがあふれた環境にいると、脳への刺激も多くなります。その量が多くなればなるほど脳を圧迫し、自分にとって本当に大切なこと（ときめき）を認識し、経験し、味わうことが難しくなるのです[7]。

二つ目の理由は、あふれたモノや情報、スケジュールに圧倒され、仕事において自分に主導権・選択権があるという「コントロール感」が失われるため[8]。主導権・選択権を持って行動することができず、自分の夢や目標のために仕事をしていることを忘れてしまい、仕事へのときめきが消えてしまうのです。

この「コントロール感」がないと、人は不要なモノを手に入れる傾向があります[9]。さらにそれらを捨てることを考えるだけで負担を感じてしまうので、捨てるという決断を先延ばしにしてしまう。結果、ますます不要なモノが増えていくという悪循環が起きてしまうのです。

散らかっているのは非物理的な面でもこんなに高コスト

仕事をする上で片づけが必要なのは、デスクだけではありません。

とくに最近では、仕事に使う電子メールを始め、ファイルやオンラインアカウントなどのデジタルデータの散らかりはもちろん、会議やタスクなど、そもそもの「やること」が多すぎて収拾がつかなくなってしまっているケースが多く、**仕事に関わるあらゆることを『片づけ』なくては、ときめくワークスタイルを手に入れることが難しくなっている**のです。

研究によると、典型的なオフィスワーカーがメールの処理に費やす時間は１日の約半分。受信箱に保存している未開封の電子メールは平均１９９件[10]。

コンピュータにインストールされているプログラムのほぼ３分の１は使用されることがないそうです。

クリエイティブ・リーダーシップ研究センターが、じつに96％の従業員が「不要な電子メールによって時間を無駄にしている」[11]と報告しているとおり、私たちがいかに仕事上のデジタル処理に翻弄《ほんろう》されているかがわかります。

それから、さまざまなサービスを使うときに必要になる、アカウント情報。

平均的なインターネットユーザーが持っているオンラインアカウントは、一つのメールアドレスにつき約１３０。グーグルやフェイスブックのアカウントを使って一括に管理できるケースも多いとはいえ、それぞれにユーザーＩＤとパスワードが存在していると思うと、なかなかの数です。

オンラインアカウントといえば、やっかいなのはパスワードをなくしてしまったケース。ＩＤやパスワードの組み合わせをカチャカチャ試してみるも、なかなかログインができなくて、結局パスワードを変更する……こんなことをくり返した経験はありませんか。

アメリカとイギリスの労働者を対象に実施した調査によると、パスワードをなくすことで発生する生産能力の低下は従業員一人当たり年間４２０ドル相当[12]。25人ほどの規模の会社であっても、1年に1万ドル以上がパスワードを忘れるだけで費やされると思うと、パスワードを忘れるたびに自動的に募金できる「パスワード忘れ基金」なる募金制度をつくったほうが社会に有用な気がしてきます。

仕事時間のかなりの割合を占める、会議についても忘れてはいけません。

一般的なオフィスワーカーが生産的でない会議で無駄にしている時間は、１週間につき2時間39分[13]。

ノースキャロライナ大学の教授がシニアリーダーを対象に調査したところ、会議についてのコメントのほとんどが「非生産的」「非効率的」「重要なことをするのを妨《さまた》げる」「グループの関係を改善させない」など散々な言いようで[14]、良かれと思ってしている会議のはずなのに、まさかの悪者のような扱いです。しかもこれらのフィードバックは、おもに会議を設定しているマネージャー自身から出ているのですから、なんとも皮肉なことと言わざるをえません。

ちなみに、非生産的な会議で無駄になるとされている金額は年間３９９０億ドル以上[15]（約44兆円）……。さきほどのパスワード忘れで出る損害といい、モノを探す時間で無駄になる年間８９０億ドルといい、もはや国は「散らかり税」を取るだけで一気に財政が潤ってしまうのではないかと余計なことを考えてしまいます。

これらの非物理的な片づけに関しては、詳しくは4章以降のスコット教授の解説にお任せするとして、ここでまず知っておいていただきたいのは、**仕事をときめかせるためには、片づけるべきいくつものハードルがあるということ。言い方を変えれば、仕事をときめか**

せるための改善の余地はまだまだあるということなのです。

デスク周りはもちろん、メールやファイルなどのデジタルデータや、会議やタスクなどの時間の使い方まで……。これらの片づけがすべて完了したとしたら、どうでしょう。

いったいどれだけ毎日がときめいていくか、想像するだけでも、なんだかワクワクしてきませんか。

片づけをすると「やりがい」が見つかる

「仕事は生活のためにするもの。オフィス仕事はなるべく早く短く終わらせて、プライベートを充実させたほうが、人生楽しいでしょ？」

会社員時代、二つ上の先輩のリクエストでデスクの片づけアドバイスをしていたとき、その方はこう言いました。

「仕事時間は労働時間。楽しむものじゃない」というのです。

当然、仕事のスタイルや働き方に関しては人それぞれ考えがあるし、そうした考え自体は否定できないので、これはあくまで私の個人的な意見なのですが、あえて言います。

それって、とっても、もったいない。

もちろん、仕事は対価としてお金をいただくものだから、責任が発生します。組織で働いていたら、自分でコントロールできないこともたくさんあります。社会で生活している以上、自分のときめきだけを優先させるのは現実的ではありません。おうちのプライベートな空間とは違って、片づけをしたからといって職場も仕事も１００％ときめき一色になるとは限らないのも事実です。

でも、だからと言って、**今の環境をときめかせる努力をしないまま「義務」としてだけ仕事時間をすごしてしまうのは、とてももったいない**と、私は思うのです。

人生の中で家の次に過ごす時間が長いのが、職場であり、仕事の時間です。時期によっては、家よりも過ごす時間が長い場合もあるかもしれません。

仕事だって貴重な人生の一部です。社会に貢献しつつ、少しでも楽しいほうがいい。どうせなら、自分もときめきながら、周りもときめかせるような仕事がしたい。私はそう考えています。

「そうはいっても、仕事内容が好きじゃないのよね」

「仕事にときめきなんて、ありえない」

もしもあなたがそう感じているのなら、オススメしたいのは、やはり、片づけをすることです。片づけをすることで、あなたの心が本当に求めていることが明確になり、変えるべきところがわかったり、今の環境にもときめきを見出すことができるようになったり……そんな変化が起きてきます。なんだか眉唾《まゆつば》モノの話のようですが、本当にそうなのです。

そもそも、**これからみなさんにお伝えする片づけは、たんにデスク周りをスッキリさせることが目的ではありません。片づけを通して、自分と対話すること。なぜ仕事をしているのか、どういう働き方をしていきたいのか、仕事における自分の価値観を知ること。**

そして、自分がしている作業一つひとつに対して、それらが自分のときめく未来につながっていると実感できるようになること。**最終的には、自分の仕事に対して迷いなくエネルギーをそそげるようになることこそが、仕事において片づけをする本当の目的**なのです。

私はこれまでの経験の中で、片づけを終えたお客様が、仕事上でもたくさんの変化を起こしていったことを目の当たりにしてきました。

本を片づけたら、自分の小さい頃からの夢を思い出し、会社を辞めて起業したお客様。

書類を片づけているうちに事業の問題点に気づき、大胆《だいたん》な事業変更を実現した経営者の方。

デスクの片づけを完了させたら、自分の求めるライフスタイルに気がついて、働き方を変えて労働時間が半分近くになった方。

その方たちが何か特別だったわけでは決してありません。ただ、目の前のモノに一つひとつ向き合い、それが今後の自分の人生にとって残すべきか、手放すべきか、自分で決断をくり返していった結果、起こった変化です。


「やりたかったはずの仕事なのに、いつの間にかタスクに追われる毎日で、いつも早く帰りたいとばかり考えています」

「そもそも何をしたいのかわからない。あれこれ手を出しているけど、私が本当にほしいものはなんだろう」

「これまで突っ走ってきたけど、自分のキャリアはこれでよかったのかな」


そんな風に、**自分のキャリアを改めて考えたいと思っている方ほど、今が片づけを始めるタイミング**です。

片づけは単なる整理整頓作業ではなく、あなたの人生を変える一大プロジェクト。

片づけによって、キャリアをときめかせることは可能だということを、あなた自身でここから体験していってください。

Joy
at
Work

第2章
片づけでリバウンドしないために

近藤麻理恵

「社長、デスクの片づけをしましょう！」

営業先のお客様の前で思わずそう口をすべらせてしまったのは、私が社会人2年目の夏でした。

当時の私の仕事は人材紹介サービスの法人営業。つまり、その会社が採用したい人物像をヒアリングしてぴったりの人材を紹介するという仕事だったのですが、私は中小規模の企業を担当していたので、やりとりしていたのは主に社長ご本人。10名ほどの規模の会社の場合、きちんとした人事部があることは少なく、採用から何から、社長一人で担当していることも少なくないからです。

「いやもう忙しくて。秘書の人でも雇《やと》いたいくらいだよ」とくたびれた顔で言う社長に、「もし秘書の方がいらしたら、どんな仕事を任せるおつもりですか？」と人材営業らしくキリリと聞く私。しかしその返事はとんちんかんなものでした。「そうだね、まず絶対やってほしいのは、資料の整理と文房具の管理」「あのペンが使いたい、っていったらパッと出してきてくれたり」「机の上を片づけてくれたりさ……」

聞いた私は思わず「そんなの、自分でやればいいじゃないですか」とぽろり。言った瞬《しゅん》間《かん》ハッとしました。なんて失礼なことを言ってしまったんだろう。しかもせっかく秘書を採用したいというのに否定するなんて、売上げにならないじゃない。

しかし社長は気にもせず、話を続けます。聞けば、社長は大の整理下手。家族全員片づけが苦手な家庭で育ち、小さい頃からなくしモノや忘れ物をしてばかり。新卒で入った会社で上司に「君は全っ然、整理能力ないね！」と言われたことが今もコンプレックスになっていると言うのです。

「ちょっと、社長の机を見せていただけますか？」と、打ち合わせをしていた会議スペースのすぐ裏にあるワークスペースを一目見て納得。グレーの大きめデスクの中心にはパソコンとキーボード、という何の変哲もないつくりだったのですが、その周りはまるで書類の高層ビル群。パソコンの右手にも左手にも資料やら本やら郵便物やらがうずたかく積まれ、今にも崩《くず》れそうにグラグラしていたのです。

当時から、週末は片づけコンサルティングの副業をしていた私は思わず「社長、デスクの片づけしましょう！」と提案してしまっていたのでした。

片づいたデスクをキープできる人とリバウンドする人の違い

そんなきっかけで、図らずもスタートしたオフィスの片づけレッスン。

もちろん、業務時間に実施するわけにいかず、レッスンするのはおもに早朝や業務時間後。そして何度かのレッスンを経て片づけが終了したあと、そのスッキリ具合と片づけの効果に感動した社長から、次々に知り合いの経営者の方をご紹介いただき、本業のほうの営業成績がぐんぐんと伸びていく……といううれしいオマケもあったのです。

それ以来、新しい営業先を訪問するたびに経営者の方のデスクをさりげなく見せていただくようになり、話の流れで片づけのアドバイスをする機会が増え、いつの間にか、片づけコンサルティングのお客様もどんどん増えていきました。

しかし、正直にお話しすると、当時私が片づけのお手伝いをしていたお客様の中には、その後リバウンドしてしまった方もいました。すべての人が片づけ後にキープできたわけではなかったのです。

では、**片づいたデスクをキープできた人と、リバウンドしてしまった人の違いはいったい何だったのか。じつは両者の違いは、「片づけ前のマインドセット」**にあったのです。

仕事をしていると、あらたな資料が届いたり、プロジェクト内容の変更があったりと情報は日々アップデートされ、書類もモノも増え続ける一方です。だから、1回デスクをスッキリさせたとしても、片づいた状態をキープするためにはモノや収納の管理を自分自身で続けていかなければいけません。

そのためには、片づけのモチベーションを自然に持ち続けるためのマインドセット、つまり**「なぜ片づけをするのか？」という目的意識を持つことが重要**になってきます。

片づいた状態がキープできていた多くの人は「片づけをしてどういう自分になりたいのか」という目的意識が明確で、自発的に片づけの問題に取り組んでいました。

逆に、一度片づけてもリバウンドする人の中には、目的意識が曖昧《あいまい》なまま「なんとなく片づけたい」と手当たりしだいに片づけを始めたり、場合によっては「この人に片づけてもらおう」と他人頼みの意識であることが多いのです。

では、改めて伺《うかが》います。

あなたはなぜ片づけをしたいのでしょうか？

「今よりいい仕事がしたい」「片づけてストレスなく1日を過ごしたい」という答えも悪くはありませんが、片づけのモチベーションを保つにはやや曖昧《あいまい》です。もっと明確で具体的な言葉で、「理想の働き方」や「片づけをして目指したい姿」について考えてみる必要があるのです。

まずは片づけをする前に、「自分にとって、ときめく働き方はどんなものか？」「仕事をする上で、大切にしたい価値観は何なのか？」と問いかけてみましょう。

その上で、映像でイメージできるくらい、「理想のワークスタイル」を具体的に考えていきましょう。

理想の働き方をイメージする

「理想のワークスタイル」というと、私がいつも思い出すのは、お客様のミチコさんがデスクの片づけを終えたあとにくださった1通のメールです。医療品メーカーに勤める彼女は、もともとは繊細《せんさい》なミルフィーユのように重なった書類の山が印象的なデスクの持ち主でしたが、「理想の働き方が叶いました」と題されたそのメールには、こんなことが書いてありました。


「朝オフィスに出勤して、自分のデスクについた時点で、すでにウキウキ気分が始まっているんです」

「なんといっても机がまっさら。置いてあるのは、電話と、ときめく観葉植物だけ」

「ノートパソコンとコードを、定位置の棚からサッと取り出してセットして」

「お気に入りのコースターに、買ってきたコーヒーを置いて」

「ミントのアロマスプレーをシュッとして、深呼吸してから、仕事を始めます」

「定位置が決まっているから探し物もナシ、使ったモノを戻すのも一瞬」

「かれこれ2ヶ月経ちますが、毎日〝幸せだなぁ〟としみじみしながら朝を過ごせるのが、ちょっと自分でも信じられません」


なんだか、ときめくワークスタイルのお手本のようで、読むだけで彼女のハッピーな気持ちが伝わってきますよね。じつはここに、「理想の働き方イメージ」成功のコツが隠《かく》されています。

理想の働き方をイメージするときのポイントは、片づけが終わったあとのあなたの毎日が映像として思い浮かべられるくらい、詳細に考えてみること。その際に必要なのは「環境」「行動」「感情」の三つの要素です。

つまり、どんなワークスペースなのか（たとえば、まっさらな机・すべてのモノに定位置）。そこで何をするか（コーヒーを楽しむ・アロマで深呼吸）。そのときにどんな気持ちなのか（ウキウキ・しみじみ幸せ）。この三つの観点がセットになって初めて、理想の状態がよりリアルにくっきりとイメージできるようになるのです。

中でも大事なのは、感情までイメージしてみること。

試しに、目をつぶって、朝に理想のワークスペースについたときの様子を想像して、そのときの気持ちを思い浮かべてみてください。まだ自分の理想がすぐに浮かばない方は、先ほどのミチコさんの朝の場面をイメージして、そのときの気持ちをイメージしてみてください。

なんとなく、ハートのあたりがキュンとしたり、胸のあたりがあたたかく広がるような感覚がありませんか？

こんな風に、**頭で考えるだけでなく、実際に体の感覚までも使ってイメージをすることで、理想の状態をまるで経験しているような感覚を得ることができます。**

すると「こんな毎日を送りたい」という気持ちが自然に湧《わ》いてきて、片づけのモチベーションがグッとキープしやすくなっていくのです。

また、**理想のワークスタイルをイメージするのに欠かせないもう一つの要素は「時間軸」**です。朝出社したとき、仕事中、仕事に疲れてリフレッシュしたいとき、そして仕事が終わって仕事場から離れるとき……。

それぞれの場面で、あなたのオフィスやデスクをイメージして、それが理想の状態になっているところを思い浮かべてみましょう。

理想の働き方をいろいろな角度から考えてみることで、「デスクにもっと明るい色を取り入れたいな」とか「書類の収納場所はここに移動させたほうが使いやすいかも」という具体的な次のステップが見えてきて、ますます片づけへのやる気がアップしていくのです。

理想の働き方を考えるステップは、物理的な片づけだけではなく、非物理的なことの片づけをするときにも欠かせません。

たとえばメールの片づけをするときであれば、どれくらいの量の受信メールがあるメールボックスで、どのようにメールを処理していく自分が理想なのか。時間の片づけであれば、どのような仕事にどれくらいの時間を使っていて、そのとき自分はどう感じているのか。**自分の仕事の生産性、効率、チームのメンバーとの関係についてなど、あらゆる側面**

から自分の理想を改めて考えてみましょう。

理想のワークスタイルをイメージし、片づけのゴールを設定して初めて、片づけのマインドセットが正しくなされるのです。

スコット教授の
ミニコラム

仕事に関するときめきの方向性を知るためのエクササイズ

「理想の働き方がなかなか思いつかない……」

そんな人のために、仕事におけるあなたのときめき基準を考えるヒントとなる、簡単なエクササイズをここでご紹介しましょう。

次の12の項目について、1（まったくそう思わない）から5（とてもそう思う）の中であてはまる数字を答えてください。正解や不正解はありません。あなたの心のままに、正直に答えてみましょう。

1：まったくそう思わない　2：そう思わない　3：どちらともいえない

4：そう思う　5：とてもそう思う

1. 新しいことを学ぶことが好きだ
2. 仕事ではどんどんチャレンジをしたい
3. 自分よりもスキルが高い人や専門知識が豊富な人と働くことで刺激を受けたい
4. 勤務スケジュールを柔軟にしたい
5. 仕事中に自分の心のうちを心置きなく話せたらいいと感じる
6. 自由に仕事をしたい
7. 収入を最大化したい
8. 自分の仕事をマスターしたい
9. 仕事をしている同僚、顧客、先輩などから褒《ほ》められることが大事だ
10. 職場で本物の友人をつくることは大事だ
11. 職場で他の人をサポートするのが楽しい
12. 一人で働くより、同僚と密接に働くことを好む

すべての項目に答えられたら、三つの質問ごとの回答を足し合わせてみましょ

う。つまり、質問1・2・3の合計、4・5・6の合計……というように、4つの合計スコアを出すことになります。

これらのスコアが表しているのは、右から順に、仕事における「学習」、「自由」、「達成感」、「他者とのつながり」のそれぞれについて、あなたがどれくらい価値を置いているかということ。

12点以上を獲得した分野があれば、それはとくにあなたにとっては大切な要素、ということを表しています。

結果は、いかがでしたでしょうか？

ぜひ、あなたの「理想の働き方」を考えるためのヒントにしてください。

リバウンドしないためには一気に片づける

「何度もデスクの片づけをしたことはあるんです。でも、いつもあっという間に元どおり……」

数々いただく片づけの相談の中でも、もっとも多いお悩みの一つが、いわゆるリバウンド現象について。片づけをしたことがある人なら、だれもが一度は経験したことがあるのではないでしょうか。

会社の先輩のジュンさんも同じく、片づけのリバウンドに悩まされている一人でした。

「でも、結構マメにデスクの片づけはしているよ。こう見えて片づけはキライじゃないほうなの」と、自分の机を見せてくれたジュンさん。

こんなとき、**片づけられて一見こざっぱりした机の上を横目に、私がすかさずチェックするのは、見えざる部分です。**

まずは引き出し。ガラリと引き出しを開けると見えるのは、未使用のボールペンや古い名刺、なんとなく放り込んであるクリップや輪ゴム、古いリップクリームやいつ開けたか覚えていないガムのパッケージ、サプリメント、いつぞやのランチについていたプラスチックのカトラリー、小袋入りのケチャップ、しょうゆ、紙ナプキン……。

それから、デスクの足元。キャスター付きの椅子《いす》をシュッと後ろに引いてしゃがみこみ、床に無造作に置かれている段ボール箱や紙袋を次々に引っ張り出していく私。それらの中身をバサッとひっくり返すと、本やら書類やら、洋服やら靴《くつ》やらお菓子やらがわんさかわんさかと出てきます。

「そんなところまで片づけるんですか？」とみなさん驚きますが、**本当の意味でデスクを**

片づけたいなら、表面だけを整えてもダメなのです。

二度とリバウンドしないデスクをつくるために目指すべきゴールはたった一つ。それは、デスクの収納の全体像を完璧に把握《はあく》できている状態です。

自分がどのようなモノをどれだけの量持っていて、それらがどこに収納されているか。仕事の性質上、どういったモノが増える傾向にあって、増えた場合にどこに収納していくか。

これらすべてを把握した状況になって初めて「片づけた」と言えるのです。

では、その状態にたどり着くためにはどうしたらいいでしょう。

正解は、**本・書類・文房具などのカテゴリーごとに、デスク全体を一気に片づけていく**ことです。

今日は机の上を片づけて、明日は1段目の引き出し、あとは空いた時間にいらないモノをちょこちょこ捨てよう……なんて調子では、いつまでたっても片づいたデスクにたどり着くことはできません。

まずは、片づけのためのまとまった時間を確保すること。そして、デスク周りにあるモノをカテゴリーごとにすべて集め、一つひとつ残すべきか捨てるべきかを見極める。それ

から残したモノの収納を決めていく。このステップで進めていくのが正解です。

カテゴリー別の詳しい片づけ法については３章以降でご説明しますが、ここでは片づけのポイントを４つのキーワードで覚えておきましょう。すなわち、**「一気に」「短期に」「完璧に」、そして「カテゴリー別に」片づける。**これは、家を片づける場合と共通の、こんまりメソッドの核《かく》となるキーワードです。

「一気に完璧に片づけるって、なんだか難しそう」と感じられたとしても、ご安心ください。

ワークスペースを物理的に片づける場合は、家の片づけよりずっと簡単です。単純に家に比べてスペースが狭く、モノのカテゴリーも限られているので、残すモノを選ぶのも収納を決めるのも、さほど難しいものではありません。

かかる時間もまったく違います。

ちなみに、こんまりメソッドで家を片づける場合にかかる時間は、一人暮らしの方でモノが少ない方でも約３日。家族暮らしの方だと最低１週間。モノが多かったり家が大きかったりする場合だと、数ヶ月以上かかる場合もザラにあります。

けれど、オフィスのシンプルなデスク一つ分であれば、片づけにかかる時間は、平均５時間。職種によって３時間かからなかったり、個室タイプの広めのワークスペースだと10

時間かかったりともちろん幅はありますが、それでも丸２日間確保できればほとんどの場合完了できるはずです。

「そもそも、その片づけをする時間が取れないのですが……」

「５時間でもまとまった時間を取るのは難しい」

そんなときは、数回に時間を分けて片づけましょう。実際、私のお客様の多くは２時間×３回で片づけを完了させるパターンが一般的でした。ただしこの場合も、あまり間をあけずに短期間で終わらせたほうが片づけのリズムをつかみやすく、結果として短い時間で片づけを終えることができるので、**時間がない人こそ一気に時間をとる方法がおすすめです。**結局、中途半端な片づけをダラダラ続けてリバウンドをくり返すのが、一番非効率的で損なやり方なのです。

ちなみに「短期に」というのは目安としては１ヶ月以内。「一気に短期に、と言っているのに１ヶ月も使ってもいいの？」という反応をいただくことがありますが、これまで何年も散らかった机に悩まされたことに比べれば、１ヶ月なんて短期のうち。もちろん１日や２日間などで終わらせられれば理想ですが、それ以上の日数がかかってしまっても問題ありません。

大事なのは期限を意識的に区切ること。たとえば「今月中に終わらせる」など具体的な目標を決め、片づけのスケジュールを確保しましょう。「時間があったら片づけを進めよう」では一生片づけは終わらないのです。

一気に正しく片づける。そして収納の仕組みをつくりきる。ワークスペースの収納の全体像が把握できれば、その後モノが増えても管理し続けられる。だから片づいた状態を維持できる。

片づけの方法を正しく学ぶことで、たとえだれであっても二度と散らからないときめくデスクを手に入れることは可能だと、私はここで断言します。

残すモノの選び方

「ときめくモノだけ、選んでください」

これは、こんまりメソッドのキーとなる質問です。自分が持っているモノすべてを一つひとつ手に取り、ときめくモノは残し、ときめかないモノは手放す。プライベートな空間である自宅を片づけるとき、この質問はとてもシンプルで役立ちます。

では、ワークスペースの片づけではどうでしょう？

ときめかなくても捨てるわけにはいかない契約書、これから使う会議のレジメ、会社のＩＤ。よく使っているけど気に入っているわけではないテープや修正液などの文房具やシュレッダーなど、そもそも自分の権限で捨てられるはずのないもの。よくよく考えてみれば、オフィスで使っているデスクのデザインが好みじゃないし、椅子も地味だし、共有スペースに置かれているティッシュのカバーすらも気に食わない。

考えれば考えるほど、「仕事場のモノは〝ときめき〟だけじゃあ、選べないでしょう」と片づけ欲がショボンとしぼんでしまいそうですが、ここでもう一度、基本に立ち返ってみましょう。

そもそも、何のために片づけをするのでしょうか。

あなたがどのような「理想の働き方」を目指していたとしても、その最終ゴールが「幸せに仕事をするため」、という目的は変わらないはずです。

だから、**片づけで大事なのは、残すモノを選別するときに、あなたの幸せにつながるモノを選ぶこと。そして、残したモノに対して、前向きになれる考え方を身につけることで**す。

残すべきモノには三つの種類があります。

一つめは、それ自体にときめきを感じるモノ。お気に入りのペン、デザインが大好きなメモ帳、デスクに飾っている家族の写真など、持っているだけで気分がハッピーになる、あなたのときめきに直結するモノたちのことです。

二つめは、機能の面で役に立つモノ。ホチキスの芯や業務用ガムテープなど、特段使っていてときめくわけではなくても、日々の業務であなたをサポートし、「これがあるおかげで安心して仕事ができるんだな」と思えるモノがここに該当《がいとう》します。

三つめは、あなたのときめく未来につながっているモノ。たとえば領収書自体はときめかなくても、きちんと清算することで経費として返ってくるという明確なメリットがあります。また、あまり気が進まないプロジェクトに関連する書類なども、その仕事をやりとげることでキャリアアップにつながったり、信頼感が得られたりするという未来が描けるならば、「未来のときめき」につながっていると考えることができます。

つまり、**「まっすぐときめき」「機能的ときめき」「未来のときめき」。この三つを、ワークスペースの片づけにおいて残すべきモノの基準として覚えておきましょう。**

ちなみに、どうしても「ときめき」という言葉がしっくりこない、という場合は、他の言葉で置き換えてもＯＫです。

たとえば、ある経営者の方はちょっとしたユーモアを込めて「これを持っていて、儲《もう》かるか」、ある銀行員のお客様は「ワクワクするか」、野球好きの部長職の男性は「一軍か、二軍か、戦力外か」など、独自の判断基準を使って残すモノを選んでいました。

要するに、あなたが仕事をする上で、ポジティブな役割を果たしてくれているモノかどうか。**片づけをするのは、たんにモノを捨ててデスクをスッキリさせるためだけではなく、あなたのときめくワークスタイルの実現のためにするのだということ**を、いつでも忘れないようにしてください。

スコット教授の
ミニコラム

「ときめくモノを選ぶ」ことにまだ懐《かい》疑《ぎ》的《てき》なあなたへ

「ときめくモノを選ぶ」とは、要するに「捨てるモノを選ぶ」ことでしょう？

そう思われた方は、少し待ってください。

「ときめくモノを選ぶ」ことと「捨てるモノを選ぶ」ことは、一見同じことをしているようで、じつは心理的にはまったく違う行為なのです。

「ときめくモノを選ぶ」は物事のポジティブな面にフォーカスしています。一方、「捨てるモノを選ぶ」は物事のネガティブな面にフォーカスしています。実際はまったく別物なのです。

また、ポジティブな感情よりも、ネガティブな感情のほうが、私たちに強い影響を与えているという研究データも出ています[1]。

558の感情にまつわる語彙《ごい》を調べる研究では、62%がネガティブな言葉で、38%がポジティブな言葉であったという結論が導かれました。

別の調査では、7ヶ国（ベルギー、カナダ、イギリス、フランス、イタリア、オランダ、スイス）の被験者を対象にして、感情を表現する言葉を5分間で書き出す実験をしました。すると7ヶ国すべてで、ポジティブな言葉よりもネガティブな言葉の方が多かったのです。

さらに、どの国でも共通してもっとも多く使用された単語が4つありました。そのうち三つは悲しみ、怒り、恐れというネガティブな言葉。ポジティブな言葉はたった一つ、「喜び（joy）」でした。

つまり私たちの脳は、ポジティブな体験よりもネガティブな体験を重要視してしまうのです。

そして、ネガティブな面にフォーカスしてモノを捨てても、それは私たちを中立の状態に戻すだけで、私たちを幸せにしてくれるわけではありません。

病気ではない＝健康、ではありませんし、

貧困ではない＝金持ち、ではありませんし、

悲しくはない＝幸せ、ではないのです。

それと一緒です。

ですから、あなたが気に入らないモノを捨てることは、あなたにとってときめきをもたらすわけではないのです。

だからこそ、片づけをする際は、「ときめくモノを選ぶ」というポジティブな面にフォーカスしましょう。そうすることで、片づけという行為自体を楽しむことができますし、なにより、片づけを終えたあとに得られる未来も大きく変わってくるでしょう。

片づけに集中できる環境をつくる

シーンとした静かなオフィスの中。20人ほどの社員さんがいるフロアには、カチャカチャとパソコンのキーボードを打つ音と、片づけレッスンをする私とお客様のコソコソとした話し声だけが響いていました。

「これはときめきますか？」「ときめきます」

「これは重要ですか」「それはもういらない」

「この書類はどうしますか？」「（あ、これは先月退職したユキさんの関連書類だ。ちょっとしたトラブルがあってね……）」「あ、すみません」

それ以降、さらに小声で話す私とお客様。静かすぎるオフィスの場合、片づけ中は結構ガサガサと音が響くし、他の社員さんの気が散ってしまいそうで会話もしづらく、ちょっぴり肩身の狭い思いをお客様にさせてしまったのでした。

これは経営者向けのオフィスの片づけレッスンを始めた頃の私の失敗談ですが、**デスクの片づけをするときは、できる限り片づけに集中できる環境を自分でつくる必要があります。**

とくに、周りに人がいると視線が気になってしまうタイプの方であれば、気にしたいのは時間帯。土日出社が可能なオフィスだったり、個室タイプのオフィススペースがある場合はともかく、平日に片づけをするならば、朝か夕方以降の就業時間外にすることになるはずです。

たとえば私の片づけレッスンの場合、先ほどの失敗以降は、朝7時から9時の2時間で片づけをするのが定番になりました。あとに仕事の予定があるので必然的にキビキビと作業ができること、まだ疲れが出ていないクリアな頭の状態なので、片づけを前向きに楽しむことができ、捨てると残すの判断もスムーズなことなど、朝の片づけはいいことずくめです。

そんな理由から、「デスクの片づけは早朝が一番！」というアドバイスを長らく続けてきたのですが、じつは最近、海外で活動をするようになって、一部考えが変わりつつあります。

日本の会社の場合、そもそも夜8時くらいまでオフィスに結構な数の人が残っていることがあるので、終業後でも片づけに集中できなかったという事情がありました。

けれど、私が見てきたアメリカのいくつかの会社では、夕方6時ごろにはオフィスには人がほとんどいない。なんなら、金曜日の午後3時くらいから少しずつ人がいなくなっていく気配すらあったのです。そういう場合は、就業時間後に落ち着いて片づけに取り組むのもいいかもしれません。

さらに、発見した違いがもう一つ。海外の方に聞いてみると、真っ昼間のシーンとしたオフィスの中で、一人盛大にガサガサ音を立てて片づけをしたとしても「全然気にならない」というのです。念のため「すごーく静かで、しかもデスクに何の仕切りもなくて、周りから丸見えなつくりのオープンなオフィスでも？」と聞いてみても、答えは同じく「気にならない」。

私が長年気を遣っていた「どうすればオフィスで目立たないように片づけをするか」という議題自体、あまり必要なかったのです。

人の目が気になる、周りに迷惑をかけてはいけない、目立たないことが美徳だ、という考えは多くの日本人が持っている価値観ですが、それが必ずしも世界共通というわけではない、ということを改めて認識しました。

というわけで、人が少ない時間帯に片づけをするかどうかは各自でご調整いただくとしても、**席の近い人にはあらかじめ「これから片づける」宣言をしたり、なんなら一緒に片づけしようと誘ってみたりして、自分がのびのびと片づけに取り組める環境をつくっていきましょう。**

また、これは私の個人的なおすすめですが、もし可能であれば、**会社全体で一斉《いっせい》に片づけをできれば理想です。**

ある日本の出版社では、年末の1日を使って社員全員で各自のデスクの片づけをしたら、グッと会社内の空気が良くなり、そのあと、社内の雰囲気が良くなってベストセラーがたくさん出るようになったそうです。片づけをすることによって一人ひとりの作業効率がよくなって、気分が前向きになれば、そんなうれしい効果があるのも納得です。

会社全体で片づけをするのが難しくても、たとえば同じ部署やグループ内のメンバーで有志を募って一斉に片づけるのも、いいですね。

さぁ、「片づけ祭り」を始めよう

オフィスの片づけレッスンを経営者の方に提供するようになってからというもの、私の毎日は確実に忙しくなっていきました。

平日は朝7時から9時までオフィスの片づけレッスンをして、9時半から出社して夜までは営業としての仕事をゴリゴリこなし、週末にはおうちの片づけレッスン。

社内の人とのコミュニケーションの中でも、「週末はキッチンの片づけを完成させました」だとか「今朝はゴミ袋４袋分の書類を処理していました」だとか言っているので、必然的に私が片づけの仕事をしていることは知れ渡るようになり、同僚や上司からの片づけ依頼も増えるようになっていきました。

　毎日が充実していましたが、それでも私は、片づけというものが本職になるとは夢にも思っていませんでした。会社内の人の片づけサポートをするときはランチをご馳走《ちそう》していただくことでレッスン料としていましたし、経営者の方からレッスン料をいただいてもなお、片づけはあくまでも副業の範疇《はんちゅう》で、生業《なりわい》とするものではない、という意識が心のどこかにあったのです。

　そんなある日、ある経営者の方が、数回のレッスンを終えて完璧に片づいたデスクを前に、こう言いました。

「この片づけ法はたくさんの人に広めるべきだよ。あなたにしかできないことなのでは？」

　これを聞いた私は、片づけが世の中に求められていること、なにより、片づけの仕事にときめいている自分を改めて認識したのです。

　それ以降、独立を考えるようになり、ついには会社を辞めて片づけコンサルタントとしての仕事一本で活動するようになったのです。

このようにして、これまでたくさんの方の片づけのサポートを経験してきたわけなのですが、その中で気がついたのは、世の中には片づけに関するおおいなる誤解が蔓延《まんえん》しているということ。

それは、片づけは毎日しなくてはいけないもの、一生やり続けなければいけないもの、という考えです。

「え、片づけってそういうものじゃないんですか？」という声が聞こえてきそうですが、それは片づけの一面を表しているに過ぎません。


片づけには2種類あります。それは「日常の片づけ」と「祭りの片づけ」です。

「日常の片づけ」とは、日々使ったモノを定位置に戻すこと、そしてあらたに手に入れたモノを仕組み通りに整理すること。

対して**「祭りの片づけ」は、自分が持っているモノをすべて見直し、それが自分の人生にとって本当に大切かどうかを問い直し、整理の仕組みをつくっていく行為**です。ある程度短期間で一気にすることなので、祭りと呼んでいます。


この祭りの片づけをワークスペースの片づけにあてはめると、それは職場に置いてあるモノすべてを見直すことですし、メールの片づけであれば、受信ボックスにあるすべてのメールを見直すことですし、時間の片づけであれば、自分がどんなことにどれだけ使っているか、すべての現状把握をすることを指します。

これらの中から今何を持っているか現状把握をし、一つひとつチェックしながら、本当に残すべきものは何かを選び、あるべき場所に戻していく。

この一連の行為すべてが「祭りの片づけ」です。

「日常」と「祭り」、**どちらの片づけも大切ですが、私たちの人生におけるインパクトが大きいのは、間違いなく「祭りの片づけ」のほう。**だからあなたが片づけに取り組む際には、**まずは一気に祭りの片づけを終わらせてから、日常の片づけの方法を考えていく、**このステップで進めていきましょう。

片づけ祭りを正しい方法で終わらせて、完璧にスッキリと片づいたワークスペースを一度でいいので経験することで、**片づいた職場がいかに心地いいものか、あなたの細胞は経験することになるでしょう。**そしてその感覚を体が覚え、「この片づいた状態をなんとかしてキープしたい」と自然に思えるようになってくるはずです。

もちろんこの考えは、物理的な片づけに限らず、4章以降でご紹介するデジタルデータや人付き合いなどの非物理的な片づけでも同じです。まずは今の自分の現状を見直して、ときめくモノを選び、「片づいた状態の心地よさ」を経験することから始めましょう。

さて、改めてもう一度、あなたにお伺いします。

あなたの理想の働き方は、どんなものですか？

ここから、私たちと一緒に、理想の働き方を実現するための「片づけ祭り」をスタートさせましょう。

正しいマインドと正しい手順で片づけることで、理想の働き方を実現することは可能なのです。

Joy
at
Work

第3章 仕事場を片づける

近藤麻理恵

いよいよここからは、物理的なワークスペースの片づけ方について、具体的にご紹介していきます。

こんまりメソッドでオフィスのワークスペースを片づける場合、それが小さめのデスク一つだけであっても、個室タイプのスペースであっても、基本のステップは同じです。

オフィスの片づけをする際の鉄則は、自分の責任で片づけられるところからスタートすること。基本的には自分のデスク周りのみ片づけましょう。他の人も使っている共有スペース、たとえば備品置き場やカフェスペース、会議室などは、いくら自分の趣味とは違って変えたくなったとしても、いったんは目をつぶりましょう。

自宅で仕事をされている方がホームオフィスの片づけをする場合は、仕事に関係するモノと、プライベートなモノとは意識的に分けて片づけをすること。たとえば、書類や本など、明らかに「仕事用」「プライベート用」と用途が分かれているものであれば、今回は「仕事用」のみを片づけ、「プライベート用」のものはパスして家の片づけをする際に手を付ける、というのでもＯＫです。

アーティストなど専門職の方がアトリエやワークスペースを片づけたい場合も、片づけの基本は同じですが、モノが多ければ当然、片づけにかかる時間は長くなります。たとえば、大きめのガレージをアトリエにしていたりして仕事部屋がとにかく広かったり、作品制作のためのパーツや道具が壁面収納の中にぎっしりあったり、作品や商品の在庫を抱えていたりする場合、片づけの完了目標を2ヶ月以内にするなど、少し長めに期間を見積もっておきましょう。

そしてこんまりメソッドにおいて大事なのは、片づけの順番です。たとえばおうちを片づける場合なら、「衣類・本・書類・小物・思い出品」の順番で片づけるのが定番。残すか捨てるかの判断がしやすく、収納場所が決めやすいカテゴリーから順に片づけをしたほうが効率が良いという基準で、この順番をオススメしています。

ワークスペースの片づけでは、単純にこの5カテゴリーから衣類を抜いて考えていきます。すなわち「本・書類・小物・思い出品」の順番です。

カテゴリーごとに片づけていくときのルールは、まず、そのカテゴリーに該当するモノを収納からすべて出し、一ヶ所に集めることから始めます。たとえばペンを片づけるときには、ワークスペースにあるペン類を、引き出しからも、ペン立てからも、すべて出して机の上に集めてから、残すべきモノを選んでいくのです。

こうすることで、自分が各カテゴリーでどれくらいのモノを持っているのか明確化でき、同じカテゴリー内で捨てるものと残すものを見極める際の比較検討がしやすくなり、さらに収納もカテゴリー別にシンプルにつくりやすいからです。

収納のポイントについては、１０３ページから説明しています。すべてのカテゴリーの残すモノを選び終えてから、いっぺんに収納をつくってもいいですし、カテゴリーごとにときめくモノを選んだら、そのつど収納する、という手順でもどちらでもＯＫです。

では、この基本を押さえたら、カテゴリー別にデスクを片づけていきましょう。

本：片づけをすることで、自分の価値観を知る

いつか読みたいと思っている話題のベストセラー、スキルアップのためにと買った会計の本、お客様からいただいた本に、会社で配られた業界誌……。

あなたのワークスペースには、どんな本が置いてありますか？

本には、仕事に役立つ大切な知識がつまっています。また仕事場に大好きな本があると、安心したりインスピレーションが得られたり、お昼休みや休憩時間に読むことで、モチベーションが上がったりします。置くだけで自分らしいスペースを演出できたりもするでしょう。

しかしその一方で、間違った理由でとっておかれる本があまりに多いのも事実です。

ある会社役員の方のワークスペースを片づけたとき、本棚に置いてある本のほとんどが「積《つ》ん読本《どくほん》」だったことがありました。数えてみたら、じつに50冊以上。しかも、その半分近くが買ったまま2年以上経っている本だったのです。

「次の休暇中に、できる限り読みます」と宣言したお客様。けれど、お休み明けのレッスンでお会いしてみると、予想通りといいますか、読みきるのは難しかったようです。

「もったいないからできる限り読むつもりでしたが、途中から読むのが義務みたいになってしまって……。読むことにときめいていないと気づいてからは、それこそ時間がもったいないと思って何冊か手放しました」

とのことで、休暇中は新しく買った本を中心に読み、最終的にはオフィスには厳選した15冊ほどの本だけを残すことになったそうです。

このように、「読みどき」を逃してしまっているケースも少なくありません。本にも、その人にとっての「旬《しゅん》」というものが存在しているのかもしれませんね。

あなたもこういった「旬」を逃してしまった本をデスクに置いていませんか？

さて、**本を片づける手順ですが、まずは本棚などに収納されている本を1冊残らずすべて出し、1ヶ所に集めるステップから始めます。**「本棚に入れたままで背表紙を見て選べばいいのでは？」と思うかもしれませんが、より効率よく正確に、残すモノと手放すモノの選別をするのなら、このステップは外してはいけません。

なぜなら、長らく本棚に入ったままの本は、あなたにとって風景の一部となってしまっているから。視界に入っていたとしても認識しづらく、ときめくかどうかの判断がしにくいのです。**本棚から出した本を1冊1冊手にとってみて初めて、その本を個体として認識することができる**のです。

それでもときめくかどうかがピンとこない場合は、こんな問いかけを自分にするのもオススメです。

『この本を買ったのはいつ？』

『何回くらい読み返した？　これからも読み返したいと思う？』

未読の本であれば、読まないままだった期間について振り返ってみることで、今の自分にとって本当に必要な本かどうかを判断する材料になります。

「いつか読むつもり」という本なら、具体的に読む日程を決めるのもオススメです。本気で読む時間をつくらない限り、「いつか」は永遠にやってこないのです。

『この本の、自分にとっての役割は？』

ときどき読み返してモチベーションを上げるための本、飾っておくだけでうれしくなる本は、あなたにとってのときめき本。最新の情報をチェックするのに必要な本、仕事上のマニュアルなどは、あなたの仕事をスムーズにしてくれるお役立ち本です。

しかし一方で、見栄や焦《あせ》りで買ってしまったり、人からもらったけれど「読まないだろうなぁ」と感じる本は、お役目終了本。買った瞬間や受け取った瞬間にあなたにとっての役割は果たしているので、「あのときはときめきをありがとう」という気持ちを込めて手放しましょう。

『本屋で今この本を見かけたら、買いたいと思う？』

その本に対する、あなたの興味の旬が過ぎていませんか？　一度買ったからといって、必ずしもすべての本を読みきる必要はありません。とくに、同じ題材の本を同時にたくさん買っていた場合、何冊か読んだ時点で好奇心が満たされて、読まないままお役目が終了してしまう本が出てきてしまうケースはよくあるようです。こうした本も「買った瞬間のときめきをありがとう」と手放しましょう。

これらの質問は、決してむやみにあなたに本を捨てさせるためのものではありません。**大事なのは、これらの質問を通して、その本との関係性についてしっかり向き合うこと。その上で、その本をとっておくことであなたがときめくかどうかを、1冊ずつ判断していきましょう。**

ときどき「本は何冊まで残しておくべきですか？」という質問をいただくことがありますが、持つべき数というのはとくにありません。なぜなら、どんなモノをどれくらい持っていると心地よいのかという基準は人によって違いますし、その基準を見つけることこそが片づけをする本当の価値だからです。あなたが本にときめくなら、何冊であろうと堂々ととっておくのが正解です。

ただし、たいていの場合、職場の収納スペースには限りがあるので、量が多すぎて自分の「理想の働き方」のイメージと離れてきたと感じる場合は、数を調整する必要があります。オフィスに読み終えた本置き場があればそこに置いたり、自宅に持って帰ったり、古本屋で売ったり、学校・図書館・病院などに寄付をしたり、自分の負担にならない方法で整理しましょう。

本の片づけがもたらす自己発見の効果は絶大です。「ときめくかどうか」を判断基準にしていくと、残すと決めたモノがあなたの価値観を明らかにしてくれるのです。

お客様の一人、ケンさんの職業はエンジニアです。片づけを始めた当初、彼の目標は「仕事場をスッキリさせて、もっと効率よく働くこと」で、理想の働き方に関して質問してみても「思いつかないけど、もう少し早く家に帰れたらいいな」と、アッサリとした回答でした。

しかし、本を片づけるうちに、「充実した人生を生きるには」「仕事に魂を込める方法」などをテーマにした自己啓発本がたくさん見つかり、本当はもっと仕事を楽しみながら、質の良い仕事をして心が充足した生き方を求めていたことを認識して、仕事への情熱を取り戻しました。

このように片づけとは、本当の自分を見つけるための壮大な探求の旅でもあるのです。

書類：「全捨て」前提で片づける

本の次は書類の片づけです。オフィスの片づけをする場合、ほとんどの時間が書類整理にあてられると言っても過言ではありません。スマートフォンやタブレットを使うのが当たり前になっている現代では、以前に比べて資料や地図などをプリントアウトすることは少なくなりましたが、それでもまだまだたくさん書類を持っている方も多いのではないでしょうか。

「書類の片づけのルールは、全捨てです」

片づけレッスンの中で私がこう言うと、たいていのお客様はぎょっとして驚きます。ですがもちろん、実際に書類をゼロ枚にするわけではありません。**「全捨て前提」の覚悟を持って、本当に必要な書類を選ぶという心構えが大切**なのです。

ワークスペースの書類ほど、なんとなくためてしまうやっかいなものはありません。紙自体は１枚１枚のボリュームが少ないため、何も考えずにとっておいてしまいがちだからです。

でもいざ整理しようとなると、中身をしっかり確認する必要があるので、時間がかかります。さらに書類がたまればたまるほど、書類を探す時間も増えてしまうし、整理するのも面倒になってどんどん増えていく……と悪循環になってしまうのです。

だから、書類を片づけるときこそ、「時間ができたら片づけよう」ではなく、しっかりスケジュールを確保しましょう。

書類の片づけも、まずは１ヶ所に集め1枚1枚見ていきます。書類を選ぶときばかりは「触ったときのときめきだけで」というわけにはいかないので、1枚ずつ内容を確認する作業が必要です。封筒などにまとめられている書類も、中にはいらない広告などが混ざっていることも多いので、必ず中身をすべて出して1枚残らずチェックしましょう。

また残す書類を選ぶときは、同時に書類の分類をしながら進めていくと、のちのちのファイリングがスムーズです。

書類は大きく分けて「未処理の書類」「保存義務のある書類」「その他の保存しておきたい書類」の三つに分類できます。

まずは未処理の書類。未払いの請求書や、目を通さなければいけない企画など、なんらかのアクションが必要な書類です。こうした書類は、処理が終わるまでは他の書類に混ざらないように一つにまとめ、スタンド型の書類ボックスに立てて入れるのがおすすめです。

次に、保存義務のある書類。記録や明細、契約書類など、コンプライアンスなどのため、正式に保存するべき書類は、もちろんときめくかどうかに関係なく保存します。カテゴリーごとに分けて、書類キャビネットに入れたり、書類ファイルに入れて棚に収納しましょう。原本で保存する必要がない場合は、スキャンという手もあります。この場合、片づけをしながらスキャンの作業を同時にするよりも、いったんは「あとでスキャンする書類」のカテゴリーをつくっておいて、まとめてスキャンをした方が効率的です。

最後に、その他の保存しておきたい書類。参考資料としてとっておきたいものや、ときめく書類などです。これらの書類をとっておくかどうかは完全にあなたの裁量ですが、「なんとなくとっておこう」をくり返すと書類がたちまちたまってリバウンド……なんてことになりがちなので、「全捨て前提」で、本当に残したい書類は何か?という視点で厳選しましょう。


私の片づけレッスンでは、書類の片づけでお客様が捨てるか残すか迷っている場合は、1枚1枚、じっくり質問をくり返します。

「それは、どんな場面で必要になるものですか?」「その書類はいつ頃から持っていますか? 実際、どれくらいの頻度で見返しましたか?」「同じ内容をインターネットでも見

られませんか？」「パソコンの中にデータで保存されていませんか？」「この書類がなかったとしてどれくらい困りますか？」「本当にときめきますか？」

あなたがご自分で自問自答するときも、これくらい厳しめに残す書類をふるいにかけてみてください。せっかくの片づけの機会です。これほどの大がかりな片づけをもう一度最初からすることを考えたら、この機会にとことん自分の意識を強く持って、選びきりましょう！

「全捨て前提」というのがイメージしにくければ、「もしこの場に突然人が来て、『今からここにある書類を全部シュレッダーにかけますので』なんてことを言い出したら、本気で取り返すべき書類は何だろう？」と考えてみるのも有効かもしれません。

書類の片づけをすると、業種によってはほとんどの書類がなくなってしまうケースもあります。ある高校教師の方は、ファイルキャビネットまるまる二つ分がからになり、必要な書類はデータ化するようになってグッと仕事の効率がよくなったと言います。

また、ある会社の部長さんは、書類を確認したらその場で判断してシュレッダーにかける習慣がつき、書類がまったくたまらなくなったそうです。ただしこの部長さんの場合、あまりにも捨てる勢いがつきすぎて、部下が提出した退職届をうっかり封筒ごと思いっきりシュレッディングしてしまった、なんて事件があったので、くれぐれも書類のシュレッダーがけは慎重《しんちょう》にしましょう（まぁ、じつはその部長さんというのは私の片づけレッスンを受けてくださった元上司で、間違ってシュレッダーにかけられたのは私の退職届だった、ということは内緒です）。

二度とリバウンドしない書類の収納法

ここまで読んで「とはいえ、仕事の書類ってすぐにたまっていくし、あっという間にリバウンドしてしまうのでは？」と不安を感じている方もいらっしゃるかもしれません。でも心配ご無用。これからご紹介する三つのポイントさえ守って収納していただければ、今後書類が散らかることはないのでご安心ください。

ポイント①　1枚残らず明確にカテゴリー分けをすること

まずは書類のすべてを明確にカテゴリー分けすること。プレゼンテーション、企画書、報告書、請求書などに分類してもいいですし、年別、または顧客・患者・生徒別、プロジェクト別に分けたほうがよい場合もあるでしょう。

あるお客様は「デザインの参考」「経営の参考」「英語の勉強」「思い出として残したい書類」という風にそれぞれのファイルに分けて収納していました。

とにかく1枚たりとも「なんとなく」という名目で収納しないことが重要です。この機会にあなたが仕事をしやすいようにカテゴリー分けをして、1枚残らず分類してみてください。

ポイント②　書類も立てて収納すること

あなたの周りに、いつも書類がたまってデスクがぐちゃぐちゃの人や、「あの資料ってどこだっけ？」としょっちゅう探し物をしている人はいませんか？　そういう人は、たいてい書類を平らに積んでしまっているのではないでしょうか。

書類を積むことのデメリットは二つあります。一つは、自分が持っている書類の量を把握しにくくなってしまうので、いつの間にかたまってしまい煩雑《はんざつ》なデスクになってしまうこと。

二つめは、下に積まれた書類の存在を忘れてしまうので、いつも探し物をして時間を無駄にしてしまうことです。

そういった仕事のロスを解消するためにも、書類も「立てて」収納することが大事なポイントです。

カテゴリーごとにファイルに入れて、スタンドボックスなどに入れたり棚やキャビネットに立てて収納しましょう。そうすると書類の量、内容ともに把握しやすいですし、見た目もスッキリします。

ポイント③　未処理ボックスをつくること

自分の対応が必要な書類だけを入れる「未処理ボックス」をつくりましょう。これもスタンド型の書類ボックスに入れると、今自分がやらなければいけないことをどれくらい抱えているか把握しやすいのでオススメです。

未処理の書類の量が多い場合は、その日処理する必要のある書類と、その他の未処理書類を分けてもＯＫ（お好みで、書類を重ねて入れるタイプのトレイを使ってもＯＫですが、その際は下にある書類の存在を忘れないように注意してください）。未処理の書類の対応を終えたら、保存の必要がない限りは捨ててしまいましょう。

書類もすべてのモノと同様、どこにどんな種類の書類をどれだけ持っているかということを、片づけを通して1回把握するだけで、その管理は驚くほど簡単になっていきます。

カテゴリー別に分けた書類の定位置を決めたら、自分のワークスペースの中で最大どれくらいの量を書類の保管のために確保できるかを考えてみましょう。その範囲からはみ出たときには、書類の見直しのサインです。保存した書類の中で、お役目が終わった書類がないか、保存義務の期間が過ぎた書類がないかなどをチェックし、手放せるものは処分しましょう。このように、定期的に収納を見直すことによって、片づいた状態をキープすることが可能です。

スキャンの罠《わな》にご注意

スキャンはとても便利です。書類を手放したとしても、データとして残せるなら、これほど簡単なことはありません。でもこの手軽さが、ときには落とし穴になりうるのです。

以前、こんなクライアントがいました。

初めは「本を捨てる前に、大事なところをスキャンしたい」とおっしゃっていたのですが、実際にやってみるととても手間がかかるので、スキャンにかけている時間にときめかないことに気がつきました。そこで、途中からスマートフォンで写真を撮るだけに。しかし、やがてこれも手間になり、最後は本を処分することにしました。

結局その方は、初めの頃に苦労してスキャンしたデータも、スマートフォンで撮った写真も、そのあと見返すことすらしなかったそうです。

また、こんなこともありました。歯科医院を経営されている方の片づけレッスンをしたときのこと。

書類はほとんど減らず、「これ、スキャン用で」と保管された書類が増えるばかりでした。そして、紙袋に入れられて事務所の片隅に積み上げられたまま、1ヶ月経っても3ヶ月経ってもそのままというありさま。これでは片づけをしていることになりません。

衝撃《しょうげき》だったのは1年後。久しぶりに事務所に伺うと、紙袋に入ったスキャン用書類の山がそのままの状態だったこと。

「たしかにこの1年間、1回もここにある書類使わなかったな……」と反省されたそのお客様は、もう一度書類の片づけをして本当に必要なモノだけを選び抜き、その他はすべて処分されました。

もちろん、スキャンしてとっておかなければならない重要な書類はあると思います。でも、スキャン用にと保存したその書類、本当に全部必要ですか？

またスキャンするのにかかる時間、さらにはスキャンしたデータを整理する時間を忘れてはいけません。代わりに対応してくれるアシスタントがいるならまだしも、すべて自分でするには膨大《ぼうだい》な時間がかかります。

それでもなおスキャンして保存したい場合は、それにかかる時間も加味しスケジュールを確保しておきましょう。

「時間があったらスキャンしよう」では、永遠にそのときは来ないのです。

名刺を片づけて、人間関係の棚卸をする

名刺の片づけをしてみると、「これ、だれだろう？」と顔をまったく思い出せない人の名刺をたくさん持っていることに驚く方も少なくありません。そんなとき、私はいつも「この機会に手放しましょう」とお伝えしているのですが、中には名刺を手放すことに罪悪感を覚えてしまう方もいらっしゃいます。たとえば日本では、〝名刺はその人の分身〟という考え方があり、名刺を捨てることを躊躇《ちゅうちょ》するケースも多いのです。

でも大切なものだからこそ、なんだかよくわからないままデスクにごちゃごちゃっと放置するのではなく、きちんと感謝の気持ちを込めて、（もちろん個人情報に留意しつつ）丁重に手放したほうが名刺にとってもいいのではないでしょうか？

名刺を片づける場合も、基本通り１ヶ所にまとめて１枚１枚見ていきましょう。

ある経営者の方は、４０００枚もの名刺を所有していましたが、片づけを始めて間もなく、それらがほとんど必要のないことに気づきました。一度連絡を取った人はメール履歴が残っているし、現在はＳＮＳでほとんどの人とつながることができるからです。

そこで、本当に必要ないくつかの名刺だけをスキャンしてデータで保存し、あとは憧《あこが》れの人の名刺など持っていてときめく10枚ほどの名刺だけを残されていました。

このように以前連絡を取ったことがある人、ＳＮＳでつながっている人の名刺は手放しましょう。まだ連絡したことがない人で、今後コンタクトを取りたい人の名刺であれば、その場でメールアドレスをパソコンやスマートフォンに登録したり、スキャンしたり、時間がなければ写真を撮っておきましょう。最近は、写真を撮るだけで名刺のデータを取り込んでくれるアプリもあるので、そうした最新のサービスを活用するのもいいですね。

ちなみに、つい最近私が名刺の片づけをしたとき、残した名刺はたった１枚でした。その１枚は父の名刺です。父は、今の会社に30年以上勤め続けているのですが、名刺を見ると、その歴史にありありと思いをはせることができるからです。この仕事で私たち家族を養ってくれていたのだな、と思うと、どうしても捨てることなどできず、私のデスクの引き出しに大事にしまってあるのです。

こんな風に、持っているだけで元気づけられたり、モチベーションが上がったりする名刺は、もちろん堂々と、大切にとっておきましょう。

小物は、サブカテゴリーに分けて片づける

「終わりが見えなくて挫折しそう」「混乱してます」「発狂しそう」

おうちの片づけの場合、片づけを進めるお客様から悲壮なSOSのメールが届くのは、いつだって小物の片づけ中と相場が決まっています。

なんといってもカテゴリーが多い。文房具に趣味のモノ、生活用品にキッチン小物に食料品、洗面用品……基本的な小物類を挙げただけで、クラクラしそうですね。

だけど、ご安心ください。オフィスの片づけであれば、小物類は家に比べればカテゴリー数が少なく、これまで書類の片づけまで終わらせてきたあなたであれば、乗り越えられないはずがありません。まずは冷静になって、ご自分のワークスペースにどんな小物があるのかざっと見渡してみましょう。

たとえば、一般的なワークスペースに置いてある小物のサブカテゴリーには、次のよう

なものがあります。

文房具（ペン・ハサミ・ホチキス・テープなど）
電機系（デジタル機器・電化製品・コード類など）
業務に関する特殊な小物（サンプル品・画材・制作に使うパーツなど）
ケア用品（コスメ・医療品・サプリメントなど）
食品系（お茶・お菓子など）

　こんまりメソッドの基本通り、同じカテゴリーのモノを１ヶ所に集めて、一つひとつ手にとって残すモノを選んでいきます。
「引き出しの中がぐちゃぐちゃで、カテゴリーごとにモノを探し出すのが難しいです」という場合は、引き出し１段分の中身をザーッと机の上や床に全部出してしまいましょう。そして、残すモノを選びながらカテゴリー分けしていけばＯＫです。

●文房具

　文房具は、道具系と消耗品系の二つに分類できます。片づけをする際は、それぞれ分けて考えていきましょう。

①道具系

道具系の文房具とは、ハサミやホチキスなど基本的に机に一つあればいいもの。しかし、自分の持ち物に無意識である人ほど、必要以上にかかえていたりします。

あるクライアントは、デスクに鉛筆削り3個、同じ形の定規4本、ホチキス8本、ハサミにいたっては12本もため込んでいました。どうしてこれだけの数をデスクにキープしていたのか聞いてみると「なくなったと思って買い足した」「こんなにたくさん持っているとは知らなかった」「手元にあると便利だからなんとなく」と、なんともふわっとした回答でした。

道具系の文房具は、机に一つあれば事足りるもの。基本的には一つだけ残して、あとは共有スペースに提供するなどして手放しましょう。

②消耗品系

消耗品系の文房具とは、付箋やクリップ、ノート、レターセットやカードなど、いくらかストックして使っていくものです。とはいえ、使い切れないほどの付箋が引き出しにあふれていたり、同じ種類の赤いペンを10本もデスクにストックしておくのは、本当に効率的といえるでしょうか。

「付箋は5束あれば足りるな」

「クリップは30個くらいあれば問題なさそうだな」

という風に、自分の机にはどれだけ必要なのか考えてみましょう。

そしてこれぐらいで十分だなと思う量を残して、あとはオフィスの共有スペースなどに速やかに戻しましょう。

●電機系

電機系のお片づけをしていると、壊れた電化製品や、昔使っていたけれど今は使っていない歴代のガジェット類が出てきたりします。

それってデスクに必要でしょうか？

また、デスクの中にイヤフォンが何本もあったり、スマートフォンを買い換えるたびにコードが増えていき、引き出しの中がコードだらけの人も。

中古のコード販売店を開くならともかく、そんなにたくさん、本当にいりますか？

中には、「これ、いったいなんだろう？」という謎《なぞ》のコードが見つかる方もいます。

デスクのスペースは限られています。この際それが何なのかハッキリさせ、必要でなければ感謝して手放しましょう。

●業務に関する特殊な小物

画家なら絵の具などの画材、アクセサリー作家ならビーズなどのパーツ類、美容ライターなら毎月大量に届く化粧品のサンプル類など、その職業ならではの持ち物ってありますよね。

職種によっては、モノの量が多すぎて圧倒されてしまうケースもあるかもしれませんが、仕事に直結するだけに、もっとも片づけによるときめき効果を感じやすい、やりがいのあるカテゴリーでもあります。

たとえばある画家の方は、大事な仕事道具であるはずの油絵具にときめかないことに気がついたことをきっかけに、画材を変えて新しい作風を生み出しました。また、あるイラストレーターの方は、なぜか布にときめいている自分に気がつき、衣装づくりをスタート。スランプ状態だったピアニストの方が、古い楽譜《がくふ》を手放すことで改めて音楽への情熱を取り戻したケースもあります。

こんな風に、アートやクリエイティブ関連の仕事をされている方が、「ときめくかどうか」で残すモノを選んでいった結果、インスピレーションが湧いて創作活動にも良い影響があった、という声を聞くことが多くあるのです。物理的な片づけをすることによってスペースが生まれると、頭の中にも余裕ができて、新しいアイデアとクリエイティビティが生まれてくるのでしょう。

一つひとつのモノを手にとって、それを使うことにときめくか、自分に問いかけてみてください。体の細胞がキュンと喜ぶ感じがするか、ズンと沈む感じがするか、体の反応をしっかり感じてみると、自分の中に明確な答えがあることにきっと驚くはずです。

●ケア用品

ケア用品とは、ハンドクリーム、目薬、サプリメントなど、業務を気持ちよくスムーズにするためのものです。

長時間オフィスで座っていると、肩がこるし、腰も痛くなるし、目も疲れる。そんなとき、デスクにこういったケア用品があるとうれしいですよね。

PR会社に勤めるミカさんは、大のリラックスアイテム好き。オフィスの片づけレッスンをしたときも、デスクの上や引き出しの中に、頭皮マッサージ用のアイテムやら使い捨てのアイマスクやら、たくさん出てきました。

聞けば、仕事が忙しく、癒《いや》し系のアイテムは必需品という彼女。「これ、日本未上陸の商品なんですよ」「新作のこの美顔器は売れると思う」と、さすがのマニアぶりです。

でもあまりにたくさんのアイテムを持っているので、私も興味を持って「どうやって使っているんですか?」となにげなく聞いてみたら、驚きの答えが返ってきました。

「これは、終電を逃したときに、いったん心を落ち着けるために使うアロマです」

「これは、10時間以上パソコンを使い続けたあとに使う、ハーブのアイマスクです」

「このマッサージボールは、オフィスにだれもいなくなったときに床でこうやって寝っ転がりながらゴリゴリ使うと最高なんですよ」

と、ミカさんは丁寧に説明してくださったのですが、聞けば聞くほど、アイテムがどうこうというより、使っているシチュエーションがハードすぎます。ついつい「でも、その働き方って、ときめきますか？」と聞いてしまったほどです。

　その後、ミカさんはリラックスアイテムの半分以上を家に持ち帰ったといいます。

「理想の働き方を考えたときに、やっぱりオフィスではなく家でリラックス用品を使ったほうがハッピーだな、と思いまして」と、今では残業を減らして自宅でリラックスアイテムを堪能《たんのう》しているという彼女の顔色が以前よりずっと良くなっていて、なんだかホッとしたのでした。

　どんなにデスクに素敵なケア用品を持っていても、ときめく働き方ができていないのなら、本末転倒。理想の働き方を考え、その上で「この机にどんなケア用品がどれだけ必要で、何が必要でないか」を考えてみましょう。

●食品系

あるメディア企業に勤めるお客様は、デスクにデリバリーでもらったケチャップや塩、そしてナプキンやフォークを大量にストックし、引き出しの半分を占めるほどの量だったことがあります。でもこれだけストックしていたにもかかわらず、彼女は片づけをするまで、これほどまでの量を持っていたとは知らず、とても驚いていました。

あなたのデスクにも、気づかないうちに食品系のモノがたまっていませんか？　デスクでつまめるスナック類やガムなども、賞味期限が切れていないかチェックを。この機会にストックの上限数を決めて、それ以外のものを手放し、机の中をスッキリさせましょう。

また余談になりますが、アメリカでデスクのお片づけレッスンをして驚いたことがあります。日本のオフィスでは見たことがないけれど、アメリカのオフィスを片づけているとときどき目にするモノがあるのです。それはいったい何だと思いますか？

それは、アルコール類。私がレッスンをしたいくつかの会社がたまたまなのかもしれませんが、アメリカでは自分のデスクにアルコールをキープしている人を結構な頻度で見かけたのです。日本ではオフィスでお酒を飲むという習慣はないので、とても驚きました。

このようにいろんな国でお片づけをしていると、それぞれのお国柄も知ることができるので、お片づけって興味深いなぁと思う今日この頃です。

思い出品

最後は、思い出品の片づけです。

写真や手紙などの思い出品は、片づけが一番難しいカテゴリー。なので、他のカテゴリーの片づけを先に終わらせてときめくモノを選ぶ判断力を磨き、自分にとって本当に大切なもの、残すべきものを選べるようになってから、最後に思い出品にとりかかっていただいています。

思い出品も、他のカテゴリーと同様に１ヶ所にまとめて、一つひとつ手にとって、「今このデスクにあることによって、ときめくかどうか」を見ていきます。

「以前、自分を励《はげ》ましてくれたけれど、今は必要ないな」と感じるものであれば、「あのときは元気をくれてありがとう」と感謝の気持ちを込めて手放しましょう。

その思い出品があるからこそ、今までこうやって仕事をすることができたんだなぁと振り返る機会にすることで、片づけがよりいっそう有意義なものになります。

また「ときめくけれど量が多すぎるので、これはデスクに置いておかなくてもいいかな」と思うものは、家に持ち帰りましょう。片づけ中に、家に持ち帰るものを入れる袋を用意して、その中にまとめておくとスムーズです（きちんと家に持ち帰るのをお忘れなく！）。

もし思い出品を片づけるのが難しい方は、写真を撮って手放すのもオススメです。スコット教授も自分のオフィスを片づけたとき、長女からの手紙や次女が描いた絵にさよならを言うのが辛かったのだそう。でもそれらを写真に撮ることで手放すことができ、空いたスペースに娘たちの最新の手紙や絵を飾れるようになり、よりときめくワークスペースになったといいます。

スコット教授のミニコラム

写真を撮ってから手放すことの効果

写真を撮ってから思い出品を手放すことの効果は、研究でも証明されています[1]。ある大学で、キャンパス内での寄付品集めをする際、ポスターが2種類貼られました。

片方には「思い出のモノは、まとめて寄付しましょう」、もう片方には「思い出のモノは、写真を撮ってから寄付しましょう」というキャッチコピーが入っていました。

結果、前もって思い出品の写真を撮ることを薦《すす》めたポスターが貼られた学生寮に住む学生たちのほうが、15％も多くモノを寄付したのです。

デスクの収納

ときめくものだけを残したら、いよいよ収納です。

収納をするときのポイントは三つあります。

ポイント①　すべてのモノに定位置を決め、カテゴリーごとに収納すること

せっかく片づけてもリバウンドをしてしまうのは、モノの定位置が決まっていないから。

使ったあとにどこに戻していいかわからないから、散らかるのです。

だからこそ、まずは定位置をしっかり決めましょう。モノを使ったあと、元の位置に戻すだけの仕組みをつくりさえすれば、片づいた状態をキープするのはグッと簡単になります。

定位置を決めるポイントは、同じカテゴリーのものは分散させずに収納すること。カテゴリーごとに収納をすれば、それぞれのモノをどれくらい持っているか把握しやすくなるので、必要以上にモノをため込まなくなり、無駄買いも減っていいこと尽くめです。

一般的なオフィスのデスクの場合、定番なのは、一番上の引き出しには名刺と文房具類、2番目の引き出しには電化製品とケア用品とスナックなどの食料品、3番目の引き出しには書類、という風にカテゴリーごとに収納すること。これが基本パターンではありますが、デスクのタイプによって、お仕事の内容によって、使い勝手も異なると思います。適宜、アレンジをしていきながら、あなたが心地よく働けるワークスペースをつくっていきましょう。

ポイント② 箱を活用し、立てて収納すること

デスクのスペースは限られているので、できるだけ有効活用したいところ。そこで役に立つのが、箱です。大中小の箱を使って引き出しの中を仕切り、ＵＳＢメモリなどの小さいものは小さな箱に、サプリメントなどのケア用品は中ぐらいの箱に、というように、カ

テゴリーごとに箱に入れて収納していきましょう。こまごましたものはとにかく引き出しに直接入れず、箱を使って仕切っていくと収納したモノが崩れにくく、引き出しを開けた瞬間に何がどこにあるかわかりやすくなります。

箱は引き出しに入るものであれば、なんでも構いません。市販のものでもいいですし、家にある空き箱でも十分使えます。私がよくデスクで使うのは、名刺入れの箱やスマートフォンを買ったときの空き箱です。大きさも高さもデスクの引き出しにぴったりなので、とても使いやすいのです。

コツは、箱の中でできるだけ立てて収納すること。よりスペースを活用することができますし、なにより見た目がスッキリします。引き出しの高さに収まるもので立てられるモノは、立てて収納しましょう。私は消しゴムや小さな付箋も立てて収納しています。

ポイント③　机の上には、基本、何も置かない

机の上は作業をする場所なので、収納の場所ではありません。なので「何も置かない」のが基本です。

正確にいうと、モノはできる限り、引き出しや棚などに定位置を決めて収納し、作業中はそのとき必要なものだけが机の上にあるようにしておく。この状態をイメージしてください。

この前提で片づけをしていくと、最終的には机の上にはパソコンと、あとは観葉植物などの飾りものだけになるケースも少なくありません。ペンやメモ帳など毎日使っているものでも、いったん引き出しの中に収納してみると「意外と不便でもないですね」とおっしゃるお客様も多いのです。なによりも、仕事に集中したいときにいつでも机の上をまっさらにできるという経験は、一度味わうと病みつきになること、間違いありません。

もちろん、必ずしも机の上に一つもモノを置きっぱなしにしてはいけないわけではありません。たとえばペンは引き出しに並べて入れるよりペン立てに入れて机の上に置いたほうが仕事がしやすい、とあなたが感じた場合はそうしましょう。**あくまでも何も置かない前提で、机の上に置いたほうがときめくモノ、もしくは仕事がしやすくなるモノだけ厳選して置く、という考え方が大事**なのです。

まとめると、カテゴリーごとに収納する、箱を使う、机の上に何も置かない。この三つのポイントを頭に入れつつ収納をつくっていくことで、どこに何を置いてあるか、どんな小さなモノもすべて自分で把握できている状態を目指しましょう。

片づけを終えると訪れる、人生の変化

ここまで、物理的なワークスペースのステップについてカテゴリーごとにご紹介してきましたが、いかがでしたでしょうか。

「なかなかステップが多くて、大変そうだな」「これまで片づけに成功したことがないけど、本当に片づけをすることができるのかな」と不安に思われた方もいらっしゃるかもしれません。

けれど、その不安は杞憂《きゆう》です。


私はこれまでたくさんの方のワークスペースの片づけをお手伝いしてきましたが、「このデスクには、捨てるモノなんてほとんどないですよ！」と豪語《ごうご》していた方でさえ、実際にカテゴリーごとにすべてのモノを引き出しから出し、一つひとつを手にとって、「これは本当に残すべき価値のあるものなのか」と問いかけることで、3分の2くらいにモノが減ることがあります。それくらい、**頭でイメージしている「必要そうなモノ」と、実際にモノに触って向き合う「本当に残すべきモノ」にはギャップがある**のです。

また、片づけ前は「デスクにモノが多すぎるから、終わるのに半年はかかると思います」と戦々恐々としていた人でも、思い切って片づけをスタートさせてみたら1週間以内にアッサリ完了、という例も珍しくはないのです。
つまり、頭でイメージする片づけと、実際に進めてみる片づけには大きな違いがあるということ。

だから、この本を読んで「なるほど」だけで終わるのはもったいない。実際に片づけをしてみて初めて、片づけの本当の価値を感じることができるのです。

では、片づけの本当の価値とはなんでしょう。それは、デスクがキレイになって気持ちがよくなったり、仕事の効率が上がったりということ以上に、私は、片づけによって自分を見つめ直すことができることだ、と考えています。

モノ一つひとつと向き合いながら、それが自分にとってときめくかどうか、自分のときめく未来につながっているかどうかに向き合っていくことで、自分の心が何を求めているか、どんなことにときめくのかがクリアになっていきます。すると、片づけ後の自分の意識が変わり、行動が変わり、選択が変わる。結果として、人生がドラマチックに変化して

いく。そんなお客様の例を、これまでたくさん見てきました。

この章の最後では、片づけをして自分について大きな発見をし、人生が大きく変わったミフユさんのストーリーをご紹介したいと思います。

ミフユさんのライフチェンジングストーリー

ミフユさんは、大手出版社でラグジュアリー系ファッション誌の広告担当として活躍していました。

職業柄、いつも最新のブランド品を身につけ、高収入で、若い女性ならだれもが羨《うらや》むようなキラキラしたキャリアを歩んでいた彼女。けれど、いつも心のどこかで無理をしているような違和感が拭《ぬぐ》えず、「片づけをして、本当の自分に出会いたい」と決心してレッスンを申し込んだのでした。

「ときめくモノを選ぶ」という基準でまずは自宅から片づけをしたところ、クローゼットの中でうやうやしく場所を取っていた20万円のジャケットにも、高級ブランドのドレスにも、ほとんど履《は》いていないピンヒールのパンプスにも、ときめきを感じない自分に気がつきました。代わりに、なんてことのない白いＴシャツやジーンズ、肌触りが大好きなネイビーのシンプルなストールなど、本当に自分にとって心地よいモノだけを残すようにしたら、最終的に家の中のモノは４分の１ほどの量に。

「この片づけは、職場でも実践するべきだ」と、片づけの効果に衝撃を受けた彼女は、さっそく次の週末にだれもいないオフィスに向かいました。出版社らしく、デスクの上には雑誌や原稿が散乱し、どの引き出しにも書類がパンパンだったのが、４時間の集中片づけ祭りの末、まるで入社したてのようにまっさらなワークスペースに。残ったのは、クリアファイル二つ分の未処理の書類と文房具、３冊の本だけ、という状況になりました。

「キミは退職する気なのか」

週明け、彼女のデスクの変わりっぷりに目を丸くした上司や同僚たち。けれど、それ以上に驚きが大きかったのは、ミフユさん自身が実感した、自分の身に起こった変化についてです。

まず一つの変化は、ミフユさんの心が安定した状態になったこと。じつは彼女は、働きすぎから一時期抑《よく》うつと診断され休職をしていた時期もあったのですが、片づけ後はグッと心が安定し、落ち着いて仕事ができるようになったそうです。

「それまでは何かうまくいかないとき、『タイミングが悪かったから』とか『あの人がああ言ったから』とか環境や周りの人のせいにして心の中で不満をためたり、『なんて自分はダメなんだ』と、過去の失敗を悔やんで落ち込んでばかりだったんです。心がずっと、ジェットコースターのように上下していました。だけど片づけ後は、失敗があったときも『今度からはこうやり方を変えればいいんだ』とか『気づかせてくれてありがたい』という風に前向きに考えられるようになったんです」とミフユさん。

これは一見、片づけとは無関係に思える出来事かもしれませんが、じつは片づけを終えた多くの人に起こる変化の一つでもあるのです。

片づけを通してモノと向き合うことは、自分の過去と向き合うことです。中には、買ったことを後悔するようなモノや、そんな選択をしてきた自分が恥ずかしくなるような場面もあるはずでしょう。

でもそうした感情にきちんと向き合い、「こういうモノは私に必要ないということを教えてくれてありがとう」と手放し、一つひとつの過去の選択を自分で認めてあげること。**自分の心が本当に求めるものを認め、自分のときめきを大切に行動すること、こうした心の動きをくり返していくことで、最終的には自分のどんな選択でも肯定できるような考え**

方が自然と身につくのです。

彼女いわく「すべての行動が自分の責任だとはわかっていました。でも、目の前の状況は全部、自分の選択の結果だという事実が、片づけ以前は受け入れがたかった。だいたい自分は、いざというときに正しい選択ができないと信じ込んでいたからです。でも、一つひとつのモノと向き合っていくうちに、難しく考えずにシンプルに生きよう、心が素直に喜ぶこと、ときめくことをすべての選択の指針にしよう。これは責任というよりも、自分らしく生きる自由なんだと気づいたのです。これが私の心をしなやかにしたのだと思います」。

もう一つの変化は、仕事のスピード。それまでは「締め切りは破るためにある」と言わんばかりの、期限ギリギリで仕事を仕上げるのがデフォルトな仕事ぶりだったのが、余裕を持って業務が進められるようになったこと。

「モノを探す時間が、ほぼゼロになりました。たとえ何かがなくても、同僚に借りるか、もう一度書類をダウンロードしたりすれば、たいていのことは問題ありません。机の中にあるかないかわからないモノを延々探しているより、ないということを早めに自覚した上で解決のために行動するほうがずっと短い時間で済むことにも気がついたんです」と彼女。

不要なことに時間を取られなくなり、精神的にもグッと楽になったそうです。

じつは、彼女の仕事が早くなったのには、もう一つ理由があります。

彼女は、こんまりメソッドで自宅とオフィスを片づけたのと同じように、携帯電話のアドレスなどのデータ類をはじめ、人付き合いや仕事の内容、時間の使い方なども「ときめくかどうか」「理想の生き方にあったものかどうか」という視点で選び、片づけをするようになったのです。

その結果、いらない仕事は手放し、本当に大事なことに集中して仕事をするスタイルを確立したのです。


片づけから3年後。彼女はニュース番組のコメンテーターとしてテレビカメラの前に立つようになり、いくつかの本を出版する著者になっていました。片づけ後、会社を退社し、以前からの夢だった独立を果たした彼女は、組織に属さないフリーランサーとなり、日本における、自分らしい働き方を実践するアイコン的存在になっていたのです。

今では、彼女が理想としていた、世界中を旅しながら、スマートフォンやパソコンひとつで自分の好きな仲間と好きな仕事だけをし、ライフスタイルそのものがコンテンツとなる生き方をしています。

彼女は、物理的にも非物理的にも、ときめくモノを選び、片づけをすることで、真の意味で「ときめくワークスタイル」を手に入れたのです。

物理的な片づけから、非物理的な片づけへ

ミフユさんと同じように、おうちやワークスペースなどの物理的な片づけを終えた方の多くが自然と興味を持つのが、非物理的なモノの片づけです。

代表的なのは、パソコンの中のデジタルデータや、Eメールのメールボックス、人付き合い、時間の使い方など。**物理的な片づけを通して、ときめくモノを選び、スッキリとした状態で働く、その心地よさに気がつくほど、身のまわりにあるあらゆるモノを片づけたくなるのは、とても自然な心の流れといえるでしょう。**

では、どのようにして非物理的なモノの片づけをすればよいのでしょうか。

基本は2章でご紹介したこんまりメソッドのルール通り、「理想のワークスタイルを考える」「カテゴリー別に片づける」「期限を決めて短期間に片づける」などの原則を応用して、同じように片づけをすることができます。

残すモノを選ぶ際は、61ページの「まっすぐときめき」「機能的ときめき」「未来のときめき」の三つの基準も参考にしつつ、残すべきモノと手放すべきモノを選択してみてください。

とはいえ、それぞれの項目において留意するべき点などは異なるため、次の4章からは、スコット教授にメインでお話ししてもらいつつ、「デジタルデータの片づけ」、「時間の片づけ」、「人脈の片づけ」、「決断の片づけ」、そして人と協力しながらときめく仕事をするためには避けることのできない「会議の片づけ」や「チームの片づけ」などについてご紹介していきたいと思います。

なんだか片づけることが多くて、大変そう？

いいえ、ご心配ありません。

むしろ、一度片づけを始めてみれば、どんどん他のことについても片づけを進めたくなる自分にきっと驚くはずです。それくらい、片づけがあなたの人生にもたらすインパクトは大きいものなのです。

さぁ、ときめくワークスタイルをイメージしながら、この先の片づけにも進んでいきましょう！

Joy at Work

第4章
デジタルデータを片づける

スコット・ソネンシェイン

イギリスに本社を置くエネルギー企業のマーケティング部で働くトニーは、デジタル文書をどこに保存するか、保存した文書がどこにあるのか、いつもわからなくなって、時間を大幅に無駄にしていました。マイクロソフトのアプリも、ＰＣのハードドライブも、企業向け社内ＳＮＳの〈ヤマー〉も、とにかく混乱状態でした。メールやファイルやボイスメールがどんどん入ってきて、時間を取られるばかりで、もうすっかりお手上げ状態だったのです。

仕事の時間は（そして休日さえも）、すっかりテクノロジーに乗っ取られてしまい、どうにもならなくなっていました。そこで、トニーはボイスメールのメッセージをこんな具合に変えたのです。

メッセージを残さないようお願いします。メールでご連絡いただければ、順に対応いたします。

通信手段はいろいろありますが、こうしてメールに限定したことで、トニーはようやく仕事をコントロールできると感じるようになりました。そして、前向きにメールを処理する気持ちにもなれたのです。メールで連絡がつかなければ、当然ながら職を失ってしまうという状況に自分を追い込んだとも言えるでしょう。そこで、メールがたまってしまわないように、毎日きちんと処理しました。簡単な用件はその日のうちに、それ以外は、1週間以内の対応を心がけたのです。今では、彼は快適に仕事をしています――同僚たちの目から見ても。そして、あまりにも極端なやり方だと呆《あき》れていた同僚たちの中に、トニーの真似をする人が出てきました。

メールやファイルやスマホアプリをどう管理するかについては、いろいろなアドバイスがあります。数々のテクノロジーを活用するデジタルライフを、どうしたらうまく生きられるかについても諸説あります。必要なテクノロジーは、職種などによっても変わってきます。特定のタイプの情報交換ソフトが、必須の企業もあります。たとえば医師や警官などは、職業柄常に接続を維持しなければなりません。それぞれが、自分に合ったものを見つける必要があるのです。デジタルライフを片づけるとき、目標とするのは、テクノロジーを今よりもっと上手にコントロールする方法を見つけることです。

多くの人にとって、デジタルライフは次の三つからなります。レポートやプレゼンテーションやスプレッドシートなどのデジタル文書。メール。そして、スマホアプリ。

これら三つには共通の問題があります。それは、なんでも保存できるので、ついそのままにしてしまう、という点です。その結果、あまりにもたくさんたまりすぎて、本来なら助けになるはずのテクノロジーが、制御不能に陥《おちい》ってしまうのです。しかも、**実体的なアイテムとちがって、デジタルなアイテムの蓄積は目に見えにくいので、気づいたときにはもう手遅れ、という状況になりがち**です。保存スペースがなくなってしまったり、必要なものを見つけられなくなったり、デバイスの動きが遅くなったり、しょっちゅう警告が出てしまったり。そんな苦境に陥らないようにする方法があります。

デジタルライフをコントロールできるようにしましょう。まずは文書、次にメール、最後にスマホアプリの順番で見ていきます。

たくさんのフォルダは不要

まずは、ＰＣのハードドライブやネットワークドライブの「ドキュメント」フォルダと、そのサブフォルダから始めましょう。あなたのデジタル文書の大半はここに収納されます。「ピクチャー」や「ビデオ」といったよく見かけるフォルダも、これから説明するのと同じようなやり方で対処できます。では、「ドキュメント」フォルダとそのサブフォルダの中にあるファイルを、一つひとつ調べて、次のように自分に問いかけましょう。

仕事のために、この文書は必要か？
この文書は、将来の仕事のための手がかりや発想を与えてくれるか？
この文書に、ときめきを感じるか？

すべての問いの答えがノーならば、その文書は削除します。

名前を見ただけでは内容がわからないファイルは、開いてみる必要があるでしょう。もし、サブフォルダの中に、いらないテーマのファイルがあれば、サブフォルダ全体を削除しても大丈夫です。

もし万一、支障が生じるといけないので、職場のデータ管理ルールを守ることを忘れないでください。削除できないファイルは、メインの「ドキュメント」フォルダから、保管庫の機能を果たす「アーカイブ」フォルダへ移動させましょう。移動されたファイルは、保存スペースの容量を占めるものの、当面必要だと判断したファイルとは区別できます。そうして、目に見える散らかりが減少すれば、必要なファイルを見つけやすくなります。

どんな業界でも組織でも、不要になった紙の文書は捨てるのがふつうです。同じように、PCのごみ箱もからにすることができるのです。私はいつも、月末にこうして文書の整理作業をしています。

近藤麻理恵の
ミニコラム

手放すモノにも感謝を

こんまりメソッドでは、手放すモノにも感謝をすることがルールです。

デジタルファイルの場合は、厳密に一つひとつに「ありがとう」と言い続けるというより、「ありがとう」というスイッチをＯＮにしたまま（感謝の念を持ち続けながら）見極めるというイメージです。

大切なことは、自分にとって役目を果たしてくれたこと（たとえちょっとしたファイル一つであっても）に感謝して、送り出してあげること。それができていれば、細かな作法にこだわらなくて大丈夫です。

検索機能の進歩は著しく、文書管理は以前よりもかなり容易になっています。とはいえ、研究によれば、ファイルを探すときには、検索をかけるよりもフォルダ内を見てまわることのほうが多いようです[1]。デジタル文書の保存場所がわかるように、きちんと整理しておけば、安心できます。

ファイル検索を優先するにしても、保存場所を整理整頓しておくことは重要です。あまりにもたくさんのファイルがあちこちに散らばっていると、検索で間違ったファイルがヒットしてしまいかねません。たとえば、パワーポイント資料《デック》を検索したのに、最近改築した自宅の木製テラス《デッキ》のファイルがヒットしてしまうのは困ります。それに、同じドキュメントのバージョンが複数ある場合、最新バージョンを探すのが面倒になる場合もあるでしょう。

何を、どこに保存したか考える時間を短縮するために、おもなフォルダの数は少なくしておきましょう。そうすれば、検索機能を使って、ほしいモノがすぐに見つけられます。仕事上必要になるフォルダは人によって違うでしょうが、たとえば83ページで近藤さんが紹介した書類の分類と同様（「未処理のデータ」「契約書など保存義務のあるデータ」「その他の保存しておきたいデータ」）に分けることができます。ちなみに私の場合、次の三つのフォルダに分けて整理しています。

進行中のプロジェクト：プロジェクトごとにサブフォルダに分ける（サブフォルダの数は10個未満を目安に。10以上のプロジェクトを、同時に進行するのは簡単なことではありません。もし、あなたがそれを実践しているのなら、ぜひ、次の章をお読みください）。

記録：契約書や人事ファイルなど、使用頻度は高くないけれど日常的に必要となる方針や手順を記したもの。このタイプのファイルは、一般に、だれかから提供されたもので、自分では変更できないものです。

実績・参考資料：過去のプロジェクトに関する資料で、将来的に使う予定のある文書。たとえば、過去の顧客データなど、新規案件に役立つ可能性があるファイル。あるいは、あなたが作成した競合他社の実績分析や産業リサーチといった資料。そして、見込み客に提案したり、新規従業員の研修に利用したりするための各種資料。

同じ場所に個人的なファイルも保存するのなら、「パーソナル」と名前をつけたフォルダを加えて、ワークスタイルとパーソナルライフとを区別しましょう。

デジタル文書をきちんと整理しておきましょう。いったんフォルダを使いやすく片づければ、整理された状態を維持するのがとても簡単になります。

新しいファイルを保存すると決めたら、内容的に最適と思えるフォルダに入れましょう。保存の必要がないと判断したら、削除してしまいましょう。ファイルを内容ごとに分けてフォルダにしまい、必要なものだけ残すようにすれば、使い勝手が格段に良くなります。一つのプロジェクトが終わるごとに、「実績・参考資料」フォルダへ移動させるか、削除するかを決めましょう。たとえば社訓のように、他の場所からもアクセスできる記録は、残しておく必要がありません。

デスクトップをときめく場所に

デスクトップは特別な場所であるべきなのに、ごみ置き場になってしまっているのをよく見かけます。昔ダウンロードしたファイルや、古い写真、ファイル名を見ただけでは内容が思い出せない文書。かくいう私も、以前はデスクトップにファイルをたくさん置きすぎて、ファイル名が読めないほどでした！ PCを立ち上げるたびに、デスクトップの散らかりようが目に入り、しかもどれも、もういらないものばかり。

混乱状態のデスクトップを片づければ、作業がはかどり、仕事にときめきを感じられるようになります。

デスクトップに置いていいのは、未読レポートや、その日にまとめるプレゼンテーション資料、未処理の請求書といった、現在進行中の文書類です。

私は「ときめき」というフォルダも置いています。その中には、われながら上出来の研究論文や、最新の指導評価、講演のビデオなどのファイルを保存しています。新しい論文を書いたり、新しいクラスを教えたり、新しい講演をしたりするたびに、ファイルの内容を更新します。また、家族の写真も、定期的に更新しています。そして、壁紙には、ときめきや元気をくれるような素材を選んでいます。

近藤麻理恵の
ミニコラム

こんまり流　デスクトップの片づけ法

私のデスクトップに常においてあるのは、「storage」（収納という意味）と名付けられたフォルダだけ。それプラス、その日に使いたい写真データなどが適宜置いてあります。

パソコンのデスクトップは、ワークスペースでいうデスクの上にあたると考えているので、その日に使いたいものだけ置いておきたいのです。

「storage」フォルダはその名の通り、収納棚にあたります。

「storage」フォルダの中には、「書類」「写真」の二つのフォルダと、近日中に使いたい写真や、近いうちに見直さなければならない書類など未処理データのみ置いてあります。

「書類」フォルダの中は、ドキュメントやパワーポイント、ＰＤＦファイルなどのデータ類。

私の場合、片づけが好きなのでカテゴリーごとにフォルダ分けしてはいるのですが、はっきり言ってここまでカッチリ片づける必要はないかもしれません。

というのは、「書類」系は、たいていタイトル付けがきちんとされているので、探したければ検索で探せてしまうから。

カテゴリー分けが大事なのは「写真」フォルダのほう。

写真は、ダウンロードしたりしてもタイトルがわかりにくくてあとから検索できない上、1枚ずつタイトルを変えるのも手間がかかるので、使いたい用途によってフォルダ分けが必要です。

「片づけ中の様子」「本の表紙」など、職業柄常に使う可能性のある写真の保存用フォルダ群と、「インスタグラム用」「ブログ用」など、使用済みになったら削除できる未処理の写真を一時置きしているフォルダがあります。

デスクトップをスッキリ片づけたときのときめき感はなかなか病みつきになり

ます。

と言いつつ、私もデスクトップをときめく状態にキープできるようになったのはつい最近。

カフェでファンの方から声をかけていただいたときに、作業していたパソコンのデスクトップがぐちゃぐちゃに散らかっていて恥ずかしかった経験をして以来、キレイにキープするようになりました。

メールに仕事を乗っ取られてはいけない

改めて言うまでもないでしょうが、メールについては、受信も送信も数が多すぎます。それなのに、これがどれほど重大な問題なのかは認識されていないようです。一般的なオフィスワーカーは、1日の就業時間の半分ほどをメール関連の作業にあてており[2]、研究によれば、メールが仕事の妨げになると考えている人が、全体の半数以上にものぼるそうです[3]。

サーシャの例はまさにその典型でした。小規模なビジネスを営む人にはよくある話ですが、ブランディングコンサルタントの彼女も、顧客の要望には常に迅速《じんそく》に応えなければならないと思っていました。頻繁《ひんぱん》なメールチェックのせいで、睡眠時間さえ削り、肝心の仕事がままならない状況でした。「メールを読んで、整理するのにすごく時間を取られて、これではとうていやっていけません」と彼女は私に訴えました。

　ある研究によれば、**メールに割く時間が多いほど、生産性が低下し、ストレス度は上昇します**[4]**。**それこそが自分の現状だと、サーシャは気づきました。そこで、顧客からのメールに対応する時間を設定した上で、それ以外の時間はメールを使わないと決めたのです。そして、メールでの「営業時間」を顧客らに知らせました。最初のうちは、サービスが悪くなったと彼らが腹を立てるのではないかと心配でした。ところが実際には、すべてがすっかり改善されたのです。サーシャは貴重な時間を使って仕事に集中し、顧客たちが彼女からもらうメールは、以前よりも数は少なくなりましたが、中身はずっと濃くなったのです。

　メールを頻繁にチェックしたくなる気持ちはわかります。私もその一人ですから。なにか重要な情報を見逃してしまうのではないかと心配になりますし、仕事に責任を持つためにはつねに対応可能でなければ、と思ってしまいます。もし、頻繁にメールをチェックして返信したくなるようなら、あなたもメールの「営業時間」を決めて、邪魔が入らずに仕事ができる体制を整えてはいかがでしょうか――たとえ1日に30分だけでも、メールから離れればいいのです。

研究によれば、メールへの対応は次の3タイプに分かれます[5]。そのいずれもが、問題を生じさせる可能性があります。

①こまめに受信トレイをからにするタイプ

こまめに対応型は、受信メールに常に注意を払い、メッセージを受け取ったら、すぐに対応します。していた作業を中断して、メッセージを読み、すぐに各フォルダへファイル、という流れです。これには問題があります。メールを1件処理するには、作業中の仕事を26分間も中断しなくてはならないのです[6]。

フォルダを複雑に分けている場合、こまめに対応型はさらなる窮地《きゅうち》に陥ります。フォルダの管理や維持にかなりの時間を取られる上に、必要なメールを見つけるのにも手間がかかりますし、そもそもメールをファイルすること自体が重荷です[7]。じつは、研究によれば、フォルダが20以上あると、複雑すぎて管理できません[8]。フォルダが多すぎると、届いたメッセージをどのフォルダに保存するか決めるための時間がかかり、しばらくすれば、どこに保存したか忘れてしまうのです。

②数ヶ月ごとに受信トレイをきれいにするタイプ

この**大掃除型**は、メールがある程度たまって、目当てのものが見つけられなくなると、受信トレイの中身をほとんど削除して、しばらくはきれいな状態が続くけれど、そのうちにまた散らかってしまう、というサイクルをくり返します。これは、二つの点で最悪です――散らかった状態で暮らすことと、重要なメッセージを見失うこと。たまりにたまった受信メールをからにしようとすると、急ぐあまりにあわててしまう、というのは私も身に覚えがあります。そのあげく、重要なメッセージまで削除してしまって落ち込むことになりかねません。

③受信メールをためたままにしておくタイプ

この**放置型**は、そもそもメールを管理する方法を知りませんし、そのための努力をする気もありません。メールソフトの検索能力に頼るのみです。検索機能はかなり優秀ですが、不要なメールを整理すれば、はるかに効率よく迅速に使えるのです。

メールの管理は本来、複雑ではありませんし、時間もたいして要しません。必要なメールを、いくつかのフォルダにきちんと分けておけばいいだけなのです。

まず、受信トレイから始めましょう。ここは整理を待つメールを一時的に置いておくための場所です。残しておきたいメールを保存する場所でも、受信メールを置きっぱなしにする場所でもありません。

メールを残すかどうか判断するときは、自分に次の質問をしてください。

このメールを今後の仕事のために残しておく必要があるか？（後日、メールのやりとりをたしかめたり、やりとりを文書化したりする必要が生じる場合もあります）

このメールの再読は、将来の仕事に役立つ知識や発想、意欲をもたらすか？

このメールに、ときめきを感じるか？

あなた自身、そしてあなたの仕事にとって、役立つアプローチを見つけましょう。デジタル文書については、適切な数のフォルダに管理しましょう。標準的には、サブフォルダも含めて10個くらいのフォルダがいいでしょう。検索しやすいように、内容が関連しているものは一つにまとめます。たとえば、「ブログ」「インスタグラム」「フェイスブック」などは、全部まとめて「ソーシャルメディア」と名付けたフォルダに入れます。

他にも、上司から送られた方針メールなどを入れる「記録保存」フォルダ。落ち込んだときなどに読む「ときめき」フォルダも役立ちます——ちなみに、私はこのフォルダに、学生からの「いい授業をありがとう」メールや、研究を褒めてくれる学者仲間からのメール、コンサルタント業務や講演に対する企業からの感謝メールなどを入れておきます。もし、重要な添付ファイルがあれば、別のフォルダにひとまとめにしましょう。

受信トレイ内のメールを片づけたら、次は既存のフォルダの整理です。最初に、残しておく価値のあるフォルダを選びます。メールをいちいち読み返して、残すかどうかを決めるのでは時間がかかりすぎます。いらないと判断したら、フォルダごと削除してしまいましょう――たとえば、私はすでに終わった授業関連のフォルダは不要とします。ただし、企業内などのデータ保持条件があれば、それに従います。また、送信済みアイテムに関しても、同様に処理します。こうしておけば検索が容易になるし、メッセージを一つひとつたしかめるのは時間の無駄です。

メールの片づけは毎日しましょう。そして、**受け取ったメールをすべて取っておくという考えから、一定の理由がない限りは削除するという考えに切り替えましょう。**メールチェックは1日の初めと終わりの2回、というように決めておくのがいいでしょう。午前中に、なんらかの対応が必要だと思った場合、おおむね夕方までには解決法を思い付くはずです。**メール対応の時間帯を決めておけば、仕事の中断を最小限に抑えられ、自分にとってもっとも重要な仕事に集中できます。**あなたを頼りにしている人たちに、あなたがメールに対応する時間帯と、緊急の場合のみ使う別の連絡手段を知らせておけば、頻繁にメールをチェックする必要はなくなります。

私が提案している方法は、自分の場合には解決法にならないと、あなたは思われるかもしれません。メールをファイルしたことがなくて、「これまでずっとメールは無視してきたし、片づけなんてうまくできないに決まっている」と思っているかもしれませんね。もしあなたが、もうお手上げだと思っているのなら、すごく簡単な解決法があります。すべてのメールを「アーカイブ」フォルダに移動させてしまいましょう。万一、必要が生じたら、そのとき検索すればいいのです。その上で、あらたにフォルダへの仕分けを始めて、フォルダの数は10個以内にします。

散らかったメールの山に圧倒されて、受信トレイから保存場所へと散らかりを移動させるだけで、見て見ぬふりをしていませんか？　メールをきれいに片づけて、デジタルライフをもっと楽しむための秘訣をお教えしましょう。

あなたのメール対処法がどのタイプでも、とにかくメールは少ないほうがいいというのが共通認識です。メールと仕事とを混同してはいけません。**メールは仕事をするためのツールの一つですが、仕事そのものではありません。**

まずは、ニュースレターやメルマガの整理です。あなたもきっと、そういったものに登録しているでしょう——仕事の上で役立つかもしれないと思ってのことですね。では、ここで真実を見極めましょう。いったい、どれがあなたのワークスタイルに本当に役立ち、どれが混乱を生じさせているでしょうか？　**ニュースレターなどの登録は、基本的には全部解除する方針で整理して、ときめきを感じられるものだけを残しましょう。**いったん整理したあとに、あらたに登録するときにも、同じ方針で取捨選択しましょう。

次に、送信メールの数を減らします。メールなら簡単に送れるからといって、乱発するのは問題です。仕事に必要な場合にだけメールを送るようにすれば、あなたは模範《もはん》を示すことができます。**送るメールを少なくすれば、受け取るメールも減るはずです。**

相談や情報提供など、仕事上どうしても必要な場合にのみ、メールを送りましょう。なんでもＣＣやＢＣＣでコピーを送って共有することはやめましょう。送付先リストに加えるかどうか、同僚たちと話をして意向を聞いておきましょう。コピーを送るときには、ひと呼吸おいて、自分自身に問いかけましょう。こう尋《たず》ねるのです。本当にその人に情報を提供したいですか、あるいは、その人からの回答が必要ですか？　答えがイエスならば、正当な理由です。同じチームだからとか、自分が重要人物だと思われたいからというのでは、理由になりません。

こんまり流　メールの片づけ法

受信トレイに大量のEメールがたまっているのを見ると、ついつい家のメールボックスが郵便物でパンパンになっている状態をイメージしてしまいます。

私が受信トレイに残すのは、返信や対応が必要なメールや、あとでしっかり読み直したいメールなどの「未処理」メールのみ。

未処理のメールは管理しやすいように50件以内（1画面で表示できる件数）に収めるように意識しつつ、保存するメールは「仕事」「プライベート」「ファイナンス系」などシンプルなフォルダ分けをしています（メールはとくに検索がしやすいので、細かくファイル分けする必要がありません）。

読み終わったニュースレターなどのいらないメールは即消去。

迷惑メールフォルダやごみ箱内も、一定期間経つと自然に消去されはしますが、いらないメールがたまっているとソワソワした感覚がしてしまうので、それらもときどき手動で全消去しています。

私のケースは少々極端かもしれませんが、風水的にも、メールボックスを片づけるといい情報がタイミングよく入りやすくなる、と言われているので、「最近いい情報が入ってこない」「もっと仕事運をアップしたい」という人にはとくに、メールの片づけはオススメです。

スマホのアプリが少なければ混乱も少なくなる

標準的な人は1日に85回スマホを使い[9]、総計すれば5時間以上にものぼります。それには理由があります。アプリの中には、私たちを中毒にして、仕事にあてる時間を奪うものが数多くあるのです。

ここに驚くべき事実があります。**スマホをデスクの上に置いておくだけで、その存在そのものが、仕事の能率を低下させる**のです。こんな実験があります。まず被験者たちは、次の三つの場所のいずれかにスマホを置くように指示されます。デスクの上、ポケットあるいはバッグの中、そして別の部屋です。その後、全員が計算や簡単な記憶などのテストを受けました。スマホはいっさい音を発せず、デスクの上のスマホは画面を伏せて置かれていました。メッセージを着信しても、だれも気がつかない状態です。

　テストの結果を見て、研究者たちはとても驚きました。スマホがアクセスしやすい場所に置かれているほど、結果が悪く[10]、デスクの上に置いたグループでは、計算や記憶テストの点数が最悪だったのです。スマホの存在そのものが、テスト結果に悪影響を及ぼしたのです！　音を発せず、画面が見えないのにもかかわらず、スマホが近くにあると知っているだけで、被験者たちは気が散って、能力を発揮できなかったわけです。スマホが手元にあれば、メールチェックはもちろん、あれこれできるのにと思うだけで、作業能力が落ちてしまうのです。試験中にスマホを持っていると、成績が落ちるとした研究もあります[11]。

　たしかに、スマホは生産性に貢献する場合もありますが、依存しすぎれば、間違いなく仕事の妨げになります。基本的な通知音以外、音が鳴らないように設定し、必要でないときには見えない場所に置いてください。食事中は電源を切り、夜はしまっておいてください。肌身離さず持っている必要などありません。最近の研究によれば、アメリカ人の4分の3は、トイレにまでスマホを持ち込んでいるそうです[12]。そんな必要はありません。メールもお知らせも、あなたがトイレの水を流すまで待っていてくれますから！

使うアプリの数が少なければ、散らかりも少なく、手元に置く理由も少なくなります。最新アプリをダウンロードするのはわくわくしますが、すでに必要なくなった、ときめかないアプリを削除しないせいで、たまってしまうのはよくあることです。アプリを片づければ、スペースができるし、バッテリーにはときめくアプリのための余裕ができます。

では、スマホを手にして、個々のアプリをたしかめましょう。

第一に、自分にこう問いかけます。**このアプリは必要不可欠か？**　職種によって必要なアプリを定めている企業もあります。

次に、自分にこう問いかけましょう。**このアプリは仕事に役立っているか？**　生産性向上アプリにしろ、経費管理アプリにしろ、仕事に役立って、理想のワークスタイル実現を助けてくれるものだけを残しましょう。これは高かったからとか、そのうち役に立つかもしれないからという理由はいけません。長期間休眠していたアプリが、ある日突然必要になって、活躍することはまずありません。

最後に、自分にこう問いかけましょう。**このアプリにときめくか？**　心から楽しんで使えるアプリを残しましょう。

三つの問いかけをしてから、残す価値がないと思えたアプリは、きっぱり手放しましょう。もし、なんらかの理由で将来的に必要になったら、ダウンロードし直せばいいですし、再購入する必要がない場合が多いのです。

アプリのスリム化に成功したら、カテゴリー分けをして、画面を整理します。カテゴリーに分けるには、各アプリの用途と使用頻度が目安になります。もっとも頻繁に使うものをスクリーンにひとまとめにするのが、基本的なやり方です。あるいは、アプリを「能率向上」「会社」「ソーシャルメディア」「旅行」といったフォルダに分けることもできます。全体数が少なければ、単純に「仕事」と「プライベート」に分けても大丈夫。スマホの使い方は人それぞれなので、ここでは唯一の答えはありません。

近藤麻理恵の
ミニコラム

こんまり流　アプリの片づけ法

スマホのホーム画面は、見た目のときめき重視。

頻繁に使うメールやカレンダー、写真などのアプリはそのまま置きつつ、その他のアプリは「ビジネス」「Life」「joy」の三つのフォルダに分けて整理しています。

ホーム画面に出ているアイコン数は、フォルダとアプリを合わせて10個ほどですが、三つの画面に分けて配置して、一つの画面につき4つ以上のアイコンは並べないようにしているのがこだわりポイントです。

理由は、待ち受けにしている娘たちの写真をいつでも見られるようにしておきたいから。写真を邪魔するアイコンがないので、スマホを見るたびにときめくのです。

「スマホ画面がごちゃごちゃだから片づけなきゃ……」よりも、「スマホの画面をときめく状態にするために片づけよう！」と思えば、なんだか片づけが楽しくなってきませんか？

自分がテクノロジーのボスであることを忘れずに。テクノロジーをうまく使って、ワークスタイルを向上させれば、仕事がときめきの源泉となるのだと、はっきり感じられるはずです。デジタル文書やメール、そしてアプリを片づければ、それらがあなたのワークスタイルの成果を記録する貯蔵庫ではなく、仕事を助けるツールに過ぎないのだとわかるでしょう。

Joy at Work

第5章
時間を片づける

スコット・ソネンシェイン

毎朝6時に起きて働き、食事は夜遅くに自宅のキッチンでシリアルを口にするだけ――以前のクリスティーナはそんな生活を送っていました。自宅でゆっくりくつろぐ時間はいっさいなく、1日の大半をせわしなく働いて過ごす毎日。何もかも、もう限界でした。

忙しく働く有意義な毎日は、かねてからの願いを実現させたもののはずでした。彼女は自宅を仕事場にして大がかりな非営利組織を立ち上げ、社会に貢献しようという情熱と起業家精神を抱いていました。では、いったい、何が問題だったのでしょう?

クリスティーナの予定表は、驚くほどの混乱状態でした！　彼女は自分の仕事がちゃんと評価されていないと感じて、次々新しいことに手を出しました。ボランティアに励み、大学院で勉強してもう一つ修士号を取れば、自分をもっと賢く、才能にあふれ、生産性が高い人間だと感じられるはずだと思ったからです。ところが、結果はそうではありませんでした。実際、彼女はすっかり疲れきっていました。

予定がぎっしり入っているのに、頼まれればどんな依頼にも応じていました。ノーと断るよりも、とりあえずイエスと引き受けてしまうほうが簡単だからです。けれど、いったん引き受けてしまうと、それが重荷になってしまいます。クリスティーナのスケジュール表は、半年先までいっぱいでした。

家族や友人とゆっくり過ごす暇がないどころか、日常生活に支障が生じるほど忙しい毎日。健康に気をつける余裕も、デートをする時間もなく、気分も体調もすぐれない。時間の使い方を管理するどころか、仕事の予定に人生をすっかり乗っ取られていたのです。

そんな状況から脱するための最初のステップとして、彼女は、自分が理想とする働き方をイメージしてみました。すると、「ふとした思い付きを行動に移す余裕がほしいわね。電車に乗り遅れてもあわてずにいたいし、たまには、ゆっくり歩いてみたい。これじゃあ約束の時間に遅れてしまうとか、今日の予定がめちゃくちゃになるとか、心配してイライラするのはたまらなく苦しい。怒ってばかりいるなんてごめんだわ」と感じたのです。

次に、一つひとつの予定にどれほどの時間がかかるかをエクセルで表にまとめ、自分が理想とする時間配分の表と比較してみました。さらに、それぞれの活動に、どれほどのときめきを感じるか評価したのです。すると、その結果は驚くべきものでした。全時間の半分近くを、必要とは思えない活動に使っていたのです。

時間をやりくりして理想的なワークスタイルを実践するために、クリスティーナは一部の本当に重要な案件は別として、なんでもイエスと答えて、引き受けてしまうやり方を改めました。**「山のようなスケジュールの大半は、自分が抱えている問題に向き合おうとし**

ないで、別のかたちで埋め合わせをしようと、あちこちへ手を出した結果だったのです」と彼女は状況を分析しました。

そこで、重要でないと判断した予定を丁重に断りました。たとえば、主宰者がしょっちゅう遅れて来たり、話し合いの目的がはっきりしなかったりするのに、定期的に開催されている集まりなどです。さらに、会って30分話せば済むような用件なら電話にしてほしいと頼みました。そんな対応に腹を立てた人もいましたが、大半の人は納得してくれました。

また、仕事の締め切りがあるから、できればまた今度にしてくれますかと、相手に尋ねてみました。すると、日程変更を提案してきた人はほんのひと握りだったので、実際は、先方にとっても重要な用件ではなかったのだとわかりました。

もちろん、それでも彼女の仕事はまだたくさんあります。メールにきちんと返信し、必要な作業は続けましたが、不要不急の仕事を削減することができたのです。すると、前よりも自分の時間をつくることができたので、夕食づくりやワークアウト、月に一度のブランチ、友人との週末の語らいといった、人並みの楽しみを味わえるようになりました。間もなく、毎日が幸福だと実感できるようになり、とうとう婚約までしたのです！

プライベートな生活を取り戻すにつれて、時間の使い方が変わったおかげで、それまでにはなかった機会を得られるようにもなりました。そんなある日、予定外のパーティへの招待を受け、足を運びました。食事を楽しんでいると、そこで出会ったベンチャー企業の重役と話がはずみ、間もなく、その人から仕事の依頼を受けました。その偶然の出会いが、それまでずっと求めていたものを手に入れる機会をもたらしたのです——それは、彼女の働きぶりや貢献度が正当に評価される、新しいキャリアと環境です。

どんな仕事にもストレスはつきもの。クリスティーナの新しい仕事も例外ではありません。けれど、「なんでもイエスと答える」奴《ど》隷《れい》のような働き方は、もう過去の話。ときめきを感じられない仕事を山ほど抱えることもありません。

「今の仕事のすべてにときめいている、とまでは言えませんけれど、働くことに楽しみを見出せるプロジェクトかどうかは、ちゃんと区別がつくようになりました。要するに、**もし、働くのが楽しいと感じられなければ、それは、なんらかの変化が必要なサイン**です」

と彼女は認めています。

仕事にもっと多くの喜びをもたらす鍵は、ときめきを感じる活動に時間を割き、そうでない活動の時間を減らすことです。これは簡単なことのように聞こえますが、上司が作業にかかる所要時間を過小に見積もっていたり、同僚たちからあれこれ頼まれたり、顧客から無理な要求をされて混乱状態に陥ったりすれば、たちまち難しくなってしまうのです。

では、自分の時間を取り戻すためには、具体的にどんなことができるでしょうか？

活動の散らかり《アクティビティ・クラッター》が生活を混乱させる

活動の散らかりを見つける方法を身につければ、働く時間を短縮でき、仕事にときめきをプラスできます。そうした散らかりは、せっかく貴重な時間やエネルギーを投じても、日常生活にも仕事にもプラスにならないような活動から生じます。

たとえば、新しい情報も画期的な決定もない会議や、成功の見込みが薄いプロジェクト、恰好《かっこう》だけで中身のないプレゼンテーションなど。たいていの場合、1日の作業時間のうち、私たちが本来の仕事に使っているのは半分ほどで[1]、残りはなんらかの邪魔が入ったり、本質とは関係のない作業や管理業務、メールのやりとり、会議などに使われたりしています。いったい、なぜそんなことになってしまうのでしょうか？

ありがたいことに、心理学がいくつかの答えを示してくれています。活動の散らかりを生み出してしまう罠は三つあります。第一に、成果を求めすぎてしまうこと、第二に、重要性ではなく緊急性を優先してしまうこと、第三は、複数の作業を同時にこなす、マルチタスクです。

成果を求めすぎることの罠⑵

まず言いたいのですが、努力は報われます。ずいぶん昔、当時子供だった私は、親というものは、わが子がどれほど賢く、才能があるかを自慢するものなのだと気づきました。ですが、ありがたいことに、私の両親はそうではありませんでした。母は賢さや才能ではなく、私の勤勉さを自慢してくれました。懸命に努力して成果を得ることは、とてもうれしいものです。では、価値があるとは思えない目標のせいで、その努力が無駄になってしまうとしたらどうでしょうか？

働く上で、心理学者が「報酬の過剰な追求」と呼ぶ心理のせいで、こうした無駄な努力をしてしまうのはよくある話なのです。

成果を求めすぎることの罠を示す、こんな実験研究があります。まず、被験者たちは、室内で心地よい音楽を聴きます。うっとりするような気分になれる曲です。そして、条件付きでチョコレートをもらえると教えられます。手元のボタンを押すと、心地よい音楽の代わりに気分が悪くなるような騒音が流れるのですが、それを一定の時間がまんすればチョコレートが1個手に入るという条件です。ただし、獲得したチョコレートはすべて実験時間中に食べてしまわなければならず、他人にあげたり持ち帰ったりはできません。チョコレートは大好きなので、被験者になれば私もボタンを押すでしょう。被験者たちも、やはりボタンを押しました。ただ、ここで、ちょっと不可解な結果が生じました。チョコレートをもらうために、被験者たちは「際限なく」ボタンを押したのです。その結果、絶対に食べきれないどころか、いやになるほどたくさん、チョコレートを手に入れてしまったのです。

この研究が示したのは、重要でない目的のために、大量のエネルギーを注いでしまいがちだということです。被験者たちは、チョコレートをほしい量だけ手に入れるのが本来の目的なのに、できるだけたくさん手に入れようとしてしまいました。同じように、求める量の成果を手に入れるために必要なだけ時間を使うのではなく、働きすぎて疲れきってしまうのです。そして、働きすぎれば、報酬がもたらす満足感は減少してしまいます。そうなれば、労働の結果として得られる成果を、つまり、この実験ではチョコレートを、楽しめなくなってしまうのです。

成果を得ること、そして能力を発揮することは、たしかに大切です。ですが、その反面、私たちをだめにしてしまう場合もあります。時間をどう使うか決めるとき、このことを忘れないようにしましょう。価値がないと感じる成果のために、やりたいことを犠牲《ぎせい》にしないように。**本当にやりたいことは何なのか、自分はどんな人間なのか、それをしっかり心**

にとめておくことは、間違った目的を追求して後悔の罠に落ちることから、あなたを守ってくれます。

緊急性の罠

時間をかけて深く掘り下げ、難しいことに取り組んだ結果として得られる喜びを味わうよりも、目の前の「急ぎの」作業を手っ取り早くこなす、というのはよくあることです。そんな状態では、考えたり成長したりするための時間は持てません。

研究によれば、幹部社員の業務の半数ほどは、どれも所要時間が９分未満であり[3]、深く考えるための時間はあまりありません。工場長は８時間の勤務で平均して５８３の作業を行います[4]。中堅の従業員は、30分以上のまとまった時間を２日に１回ほどしか得られません[5]。

たいていの人は、本当はどれが最重要かなどと考えもせず、緊急だと言われたものから流れ作業で処理します。そのため、もう手一杯だと感じてしまい、仕事でミスをしたり、雇用主に腹を立てたり、同僚を恨《うら》めしく感じたりする人々が、全体の50％以上にものぼるのです[6]。

急ぎだと言われて、最重要案件だと思い込んでしまうのは心理学的に考えて当然ですが、これが、しばしば判断の誤りをもたらします。**「緊急性」と「重要性」とを混同してはいけません。**

緊急のタスクとは、特定の時期にやらなければならないものです。そのタイミングを逃せば、できなくなってしまいます。たとえば、顧客が遠方から訪問してくれた日に夕食をともにする、締め切りに間に合わせるために同僚を手伝う、年に一度の研修旅行に参加するといったように。

重要なタスクとは、それらとは異なります。遂行すれば有益な結果を見込め、できなければ悪い結果をもたらします。たとえば、読書や教育を通じての自己啓発、商品のアップデート、同僚たちとの良好な関係の構築といった事柄です。

緊急かつ重要のタスクもあります――税金の申告、仕事依頼への回答、怒っている顧客への対応など。言うまでもありませんが、急ぎでも重要でもないことは、優先順位が低くなっています――ＳＮＳをなにげなくチェックするとか、勤務中にオンラインで買い物をするとか。

たとえば、週1回の社内パーティへの出席や、同僚からの電話への返事といった、急ぎだけれども重要でない事柄や、長期的なキャリア計画のような、重要だけれども急ぎでない事柄はどうでしょうか？　ちょっと考えてみましょう。あなたは、どんな仕事を優先するでしょうか？　おそらく、緊急の仕事ですね。

一般に、重要性よりも緊急性が優先されるのには、もっともな理由があります。**重要な仕事は緊急の仕事よりも難しいことが多く、やる気が起きにくい**のです。**緊急性の高い仕事は結果が出るのが早く、さっさとやってしまおうという気持ちを駆《か》り立てます。**達成感を（少なくとも短期的に）味わいたければ、目先の仕事を終わらせてしまおうと思うのは理屈に合っています。ですが、長い目で見れば、本当に自身のキャリアや会社の繁栄のためになるタイプの仕事ではありません。

目先の締め切りにだまされて、緊急の仕事に注意を奪われることもあります。仕事には「偽の緊急性」がたくさんあります。たとえば、職場の人や顧客から、１週間以内に返事をと求められることがよくあるでしょうが、その１週間という期限の根拠はなんでしょうか？　適当にそう言っているだけ、というのはよくあることです。期限にちゃんとした裏付けがあるかどうか確認しましょう。

そして、本業が忙しくないときでさえ、あれこればたばたしていることを考えれば、だれもが偽の締め切りに振りまわされやすいことが一目瞭然でしょう。[7]　仕事に忙殺《ぼうさつ》されている上に、さらに別の締め切りを課されてしまえば、どれが本当に「重要な」仕事なのか、わからなくなってしまうのは当然ではありませんか？

マルチタスクの罠

たぶん読者のみなさんも、自分はマルチタスクが得意だという人に会ったことがあるでしょう。またたくまにすべてをやってのける超人的な力があると、彼らは自信満々に語ります。かくいう私も、そんな人たちをうらやましいと思っていました。複数のことを同時にできれば、どれほど時間が節約できるでしょうか。ところが、当時は気づきませんでしたが、じつは一度に複数のことをすると、結局は、あまりうまくいかないのです。

産業・組織心理学者になったとき、私はちょっとした秘密を学びました。世の中に広まっている話とはうらはらに、**複数の仕事を同時にすると生産性が低くなりがち**なのです。

研究から、二つの驚くべき事実が明らかになっています。第一に、マルチタスクは生産性を最大で40％も低下させる。[8] 第二に、同時に複数の仕事をすると、それをうまくこなすのはとても難しい。

人間の脳が同時に考えられることは、限られています。ですから、いくつもの作業を抱えると、どれもが中途半端な結果になってしまうのです。

ちまたで広く信じられている説とは違って、マルチタスクとは、同時に複数の作業をしているのではありません。じつは、とっかえひっかえ中途半端な作業をしているのです。[9]しかも、一つひとつの作業への注意力が散漫になってしまうために、エラーが多くなります。[10]

マルチタスクをしていると、優先順位が混乱します。緊急性の罠に陥った場合と同じように、マルチタスクの罠に落ちた人は、長期的な視野を持って重要な目標に向かって進むのではなく、目の前の作業にだけ反応するようになります。その作業が難しければ難しいほど、マルチタスクのマイナス面が強く反映されることになります。[11]

では、マルチタスクが生産性を低下させるのなら、いったい、なぜ私たちはそれを続けているのでしょうか？　マルチタスクが重宝されるのは、有能さの証明ではなく、気を散らすものを排除したり、一つのことに集中したりしようとして、あがいているからです。[12]つまり、同時に複数の作業をしようとすることで、埋め合わせをしているのです。ですから、マルチタスクを実践する人は有能だと思い込んで、それを真似るなんて、とんでもありません。まったくナンセンスな話です。いくつもの仕事に手を出して、どれも満足にできなくなっては、生産性の向上にはつながりません。

仕事を一ヶ所に集め、実際にどれくらいの量があるか把握しよう

　予定を詰めこみすぎて行き詰まったとき、時間をもっとも有効に使うにはどうすればいいでしょう？　成果を求めすぎることや緊急性、マルチタスクの罠にとらわれないために大切なのは、時間の使い方に気を配ることです。そして、ときめきを感じられる活動へとシフトするのです。

　毎日をどう過ごすか、自分で責任を持てるシンプルな方法があります。**どの活動を除外するかではなく、どの活動を残すべきかを自分に問いかける**のです。

　まずは、手持ちの仕事を山積みにしてみましょう。こんまりメソッドで仕事場にあるモノたちを片づけたときと同じように、一つひとつの仕事に「手を触れて」、どれほど心惹かれるかを感じ、それがどれほど重要かを理解するのです。

　日常の仕事を一つひとつインデックスカードもしくは付箋に書き出してみましょう（デジタルのほうがお好きならば、スプレッドシートで一覧表に）。研究によれば、紙に書くと、内容をより注意深く評価できるそうです[13]。仕事内容を書いたカードや付箋を広げてみるのは、クローゼットの中身を並べて、どれくらい衣類があるかをたしかめるのと同じ目

的です。書き出した仕事を実際に目にすると、自分の仕事がどんな内容なのか、なぜそれをしているのかについて、考える手助けになります。

たいていの場合、仕事は次の3種類からなります。

①コア・タスク：中心となる現在進行中のタスクで、仕事をする上であなたの存在価値を決定する。企業環境の管理者ならば、予算編成やプランニング、設備や人員の統率など。科学者ならば、研究の計画立案やデータ分析、成果の発表など。教師ならば、授業の計画やテストの採点など。

②プロジェクト・タスク：開始と終了がきちんと決められているタスク。たとえば、イベントの計画、パンフレットのデザイン、新製品の発売など。

③デベロップメンタル・タスク：自分が成長したり学んだりするためのタスク。トレーニングや読書、研修会への出席、あらたなタスクへの着手など。ワークスタイルの展望が開けるはずです。

複数にまたがるタスクがあっても、あまり深く気にしないでください。その場合は、もっともあてはまると思えるカテゴリーに分けておきましょう。

自分の時間をどのように使っているか、それがあなたのワークスタイルにどう関連しているか、わかりましたか？　もしあなたが、成長を理想のワークスタイルとしているのなら、デベロップメンタル・タスクの山が他の二つよりもずっと高くなっているでしょうか？　あなたは十分に努力していますか？　十分に学んでいますか？　人々から十分なフィードバックを得ていますか？　あなたが、他者とのつながりを重要視しているなら、人との協働を含んでいるタスクはどれくらいありますか？　その人たちは、一緒に時間を過ごしたいと思える人たちでしょうか？

仕事をもっと楽しいものにするためにタスクを評価しよう

タスクが書かれたカードたちは鏡のようなもので、あなたの現状を映し出しています。その鏡を見た感想はいかがでしょう？　大半の人は、この機会に、理想とするワークスタイルを実現したいけれど、こんな大仕事が本当に可能なのかと、怖気《おじけ》づいてしまうようです。でも、自分の力を見くびってはいけません。そして、小さな変化が毎日の仕事にときめきをもたらす力をあなどってもいけません。

タスクをカテゴリー分けしたら、片づけやすいものから整理しましょう。ふつうならコア・タスクから始めて、次にプロジェクト・タスク、そしてデベロップメンタル・タスクと進みます。それぞれのタスクについて、次のように自分に問いかけるのです。

このタスクは、自分が働く上で続ける必要があるか、それほど重要なのか？

このタスクは、昇給や昇進、スキルの向上など、ときめく未来を実現する手助けになるか？

このタスクは、ときめきを感じさせ、仕事にもっと多くの満足をもたらすか？

これらの三つの条件のどれにも合致しないタスクは、きっぱりさよならしてしまいましょう。

では、必要だけれどもときめかないタスクをたくさん抱えていたら、いったいどうしましょう？　自分は無駄だと感じているのに、上司がそれを受け入れない場合には？

自分の仕事が他者にどんな利益をもたらしているかは、意外に見逃しているものです。これはとても残念なことです。なぜなら、自分の仕事が他者にどんな利益をもたらしているかを認識できれば、その仕事はあなたにとっても、もっと意義のあるものになるでしょうから。

私はこんなルールを守っています。**受益者テスト**をするのです。正直なところ、**上司は、あなたが毎週提出するレポートをちゃんと読んでいますか？　意思決定に反映させているでしょうか？　自分の仕事の有益性を評価するには、それらの点を確認すればいい**のです。彼らが、あなたの仕事の重要性を認めているとわかれば、そのタスクにあらたな意義を見出せるかもしれません。

もし、それでもそのタスクには継続する意味がないと確信したら、上司と相談しましょう。受益者テストの結果を伝えるのです。無駄なタスクだとあなたが判断していても、上司はそのタスクの重要性を見出しているかもしれません。上司から考えを聞けば、そのタスクの隠れた重要性を見直すきっかけになり、継続する必要があると、あなた自身も思えるかもしれません。

上司に相談する前に受益者テストをしておけば、それを根拠にして、あなたが切り捨てたいと思うタスクの重要性についてオープンに議論しやすくなり、損得も勘案《かんあん》して上司と話し合えます。

すべての手を尽くしても上司がうんと言わない場合、もしかしたら、たんに上司がわからず屋なのかも。ですが、転職したいと思わない限りは、なんとか折り合っていかなければなりません。もちろん、ときには上司を追い出したい気持ちに駆られたりするでしょうが、それはできない相談です！

タスクの片づけを終えたら、残ったタスクを並べて、改めて眺《なが》めてみましょう。残ったタスクは、あなたがどんな仕事をしていると伝えていますか？　あなたはなんらかの肩書や職種名をお持ちかもしれませんが、目の前の数々のタスクは、それとはちがった視点から、あなたの仕事の内容を教えてくれます。それらのタスクは、あなたにときめきを感じさせ、さらなる喜びに満ちた未来に貢献していますか？　もし片づけを終了してもまだ、自分の仕事が理想のワークスタイルに向かっていると感じられなければ、事態をよりよくするために、さらにいくつかのヒントを差し上げましょう。

逆に、タスクの山に満足できたならば、定期的にチェックを続けて、あなたの理想のワークスタイルに向かっていることを確認しましょう。また、新規のタスクについては、それを受け入れる価値があるかどうか、しっかり評価しましょう。

近藤麻理恵の
ミニコラム

自分をときめかせる時間を優先的にとろう

今はときめきながら仕事をしている私ですが、過去には仕事のスケジュールを入れすぎて心身ともに疲弊《ひへい》してしまった時期がありました。

それは２０１５年にアメリカの『タイム』誌で「世界で最も影響力のある１００人」に選ばれ、世界中から仕事の依頼が殺到《さっとう》した時期でした。

片づけメソッドを広める絶好のチャンスと、できる限り仕事の依頼を引き受けていたのですが、ちょうど妊娠の時期と重なったこともあり、次第に心も体もボロボロに……。仕事が終わって夜になると、感情がコントロールできず、涙が止まらない日もありました。

「このままではいけない！」

私はこれを機に働き方を変えていきました。

私が仕事を通じて実現していきたいことは、「世界中にこんまりメソッドを伝えて、片づけで人生をときめかせる人を増やすこと」。でも自分自身がときめいていなければ、多くの人にときめく人生をお伝えすることはできません。

そこで、忙しいときほど「まずは自分をときめかせる時間を優先してとる」ということを始めました。

・家族と過ごす時間をつくる
・家にお花を飾る
・ティータイムをゆっくり楽しむ
・疲れていたらマッサージを受ける

など自分がときめくこと、やりたいことができる時間を強制的にとり、心を整えてから仕事に取りかかる。そうしたら、いいエネルギーで仕事に向き合えるようになりました。

忙しい現代社会では、過去の私のように、仕事のためと自分をないがしろにして働いてしまう人も少なくないのではないでしょうか。

そのような方に、声を大にしてお伝えしたいのは**「自分をいい状態にすることを第一優先にしよう」**ということです。

スケジュールがパンパンに詰まり、ゆとりのない状態で仕事をしていると、心がどんどん枯《こ》渇《かつ》していってしまいます。そうすると、いいアイデアも成果も生まれませんし、どんなに好きな仕事でも嫌いになってしまい、長続きしません。

まずは自分をよい状態にするための時間を取る。残った時間で生産的に仕事ができるようにスケジュールを組み立てる。

このような順番で考え、楽しく心地よく働いたほうが、長期的に考えると生産的なのです。

あわててイエスと言ってはいけない

環境や条件さえ与えられれば、仕事でもっと成功できるのにと、残念に感じたことはありますか？　大学院を修了して助教になってから、最高位である主任教授へたどり着いた道のりで、私はあちこちの委員会の一員になったり、イベントに出席したりという、本業の研究や教育とは関係のない活動を余儀なくされることが次第に多くなりました。

同僚たちの役に立つのであればと、依頼にはいつもイエスと答えていました。それが正しい対応に思えましたし、どれもたいして時間を取られる用事ではありません。けれど、塵《ちり》も積もれば山となるわけで、やがて、なにより大切な本業に支障をきたすほど忙しくなってしまいました。

すぐにイエスと答えてしまうのには、それなりの理由があるものです。頼りにされて役に立てるのがうれしかったり、活動そのものが楽しかったりすることも多いのです。場合によっては、知識を深めたりキャリアを高めたり、同僚と楽しめたりする可能性もあります。でも、たいていの場合、そううまくはいきません。

じつは、安易にイエスと答えない姿勢が正しいのです。先日、それを裏付けてくれる研究を見つけました。その研究によれば、私たちはノーと答えることに罪悪感を抱くせいで、無用なタスクを簡単に引き受けてしまうのだそうです。この際、罪悪感とはさよならしましょう。あなたは十分に一生懸命働いています（山積みのタスクを思い出して！）。そして、なにか頼まれたら、まずはひと呼吸置くのです。

だれでも他人からよく思われたいでしょうから、イエスと答えなくてはとプレッシャーを感じがちです。そんなときには、判断を少しだけ先延ばしにするのが効果的な対策です。「ちょっと考えて、あとで返事をします」と答えればいいのです。そして、そのタスクにときめきを感じるかどうか考えてみましょう。もし感じられなければ、丁重に断れば大丈夫。研究によれば、そうして時間を置いてから答えれば、イエスかノーか、本心をはっきり自覚できるのです。[14]

日常的な楽しみを持とう

さて、こうしてタスクを減らすと、今度は、ときめきを感じられるタスクを受け入れる余裕ができます。研究によれば、あらたな責任を負ったり、自発的に同僚を手助けしたり、正式な許可のいらない本業とは別のことをしたりすると、仕事の満足感が増すそうです[15]。自発性を評価してくれる上司もいるでしょう。一部の企業は、従業員が本業以外の活動を楽しむことを奨励しています。

いうまでもなく、あなたの上司がうるさがたで、仕事に裁量の余地が与えられていないと、そうした試みはなかなか難しいかもしれません。それでも、**日常的な喜びを仕事上の利益につなげる方法を見つければ、成功するチャンスを高めることができる**のです。

仕事以外の時間でも、日常的な楽しみを持ちましょう。たとえば私にとっては、紙媒体の新聞を読むことです。これを楽しみにするようになった当時、電子版でない新聞はとっくに時代遅れでした。ですが、デジタル機器に邪魔されずに最新の情報を読むのは、私にとって大きな楽しみなのです。

スケジュール表に空白をつくろう

こんな話をすると、とんでもないと思われるかもしれませんが、仕事の生産性を高めるには、休息時間《ダウンタイム》を取ることが必要です。スケジュール表の一部を空白にするのです。これにはたしかな裏付けがあります。研究によれば、たくさん仕事をするためには、ときには仕事を減らさなければならないのです[16]。ダウンタイムは心身をリフレッシュしてくれる上に、アイデアを生み出す時間を与えて、創造性を高めてくれます[17]。

散歩したりぼうっとしたり、頭を使わない活動をしているとき、じつは、私たちは無意識に深いところで考えています。このタイプの思考は、自分をあれこれ評価する日常的な意識から解放されているため、とりわけ創造性が高いのです。あらたな問題解決法を思いついたり、画期的な新案を生み出したりする可能性があります[18]。

スケジュールがぎっしり詰まっていなくても、あなたの意識は深いところで働いているし、さらに言えば、より賢く、働いている場合さえあるのです。ですから、休みを取って、心身を整え、創造力を解き放ちましょう！

ちなみに、私自身のダウンタイムは、毎日、スマホを機内モードにして散歩すること。

メールからも電話からも、**あらゆる邪魔からすっかり自由になって、さまざまな思いを巡らせます。そうしていると、自己評価に足を引っぱられることなく、ふだんならば二の足を踏むようなアイデアを思い付くことさえある**のです。

もちろん、散歩なんてとんでもない、仕事から一歩も離れられない、という人もいるでしょう。それならそれで、自分なりにできることを見つけましょう。職場のデスクで目を閉じて、ほんの数分思いを巡らすことなら、どんな人でもできるでしょう。それこそが心をほぐす機会であり、あなたのスケジュールがどれほどぎっしりで、押しつぶされそうになるほどたくさんの仕事を抱えていても、少なくとも一瞬だけは、自分の時間を取り戻せるのです。

やるべきことと、そうでないことを整理して、時間を片づければ、自分をより深く知ることができ、自分にとっての本当の優先順位がわかります。時間の片づけは、毎日をどのように過ごすかに影響をもたらすだけでなく、さらにたくさんのものを与えてくれます。毎日をよりよく過ごす方法を教えてくれるのです。ときめかないタスクを捨てて、ときめくタスクをプラスすれば、きっと仕事で今以上の満足感を味わうことができるでしょう。

Joy at Work

第6章
決断を片づける

スコット・ソネンシェイン

シングルマザーのリサは、高校の美術教師としてフルタイムで働くだけでなく、フリーランスのアーティストとして活動し、さらにオンラインで美術を教えてもいました。どれも大好きな仕事ですが、決めなくてはならないことが毎日たくさんあるせいで、すっかり疲れきっていました。授業内容や課題、授業中のルールなど、受け持ちのクラスに関連した本業の事柄だけでなく、それ以外にも数多くの日常的な決定事項に対応しなければならなかったのです。

毎日の授業プランにしても、無数の選択肢があります。実習にしようか、ビデオを使って新しい技法を学ばせようか、それともＰＣを使ってコンピュータグラフィックを題材にしようか？　授業中にも、生徒の指導、採点、さらには授業態度の指導まで、決めることはたくさんあります。本業以外の仕事にも、同じく問題がありました。何をつくるか、どんなデザインにするか、どうしたら顧客の好みに沿えるか、どうすればＳＮＳのフォロワーを増やせるか。

次はいったい何かしら、とにかく決断の連続だわ、と彼女は悩んでいました。

気がつくと、リサはいつも不機嫌で、イライラしていました。仕事場でも、自宅で9歳の息子の世話をしているときにも。「決めることばかりで、精神的な消耗がひどくて。そのせいか忘れっぽくなってしまって……集中力がなくなって、ちょっとした単語が口から出ないほどでした」

そんな生活を送るうちに、ある月曜日の朝、とうとう大変な失態を演じてしまったのです。当日の授業プランを決められないままで、学校へ出勤してしまったのです。「大失敗よ、リサ！　こんなんじゃ教師失格だわ！」彼女はそう自分自身を責めました。決めなければいけないことがあまりにも多すぎて頭が回らなくなり、始めたばかりだったオンラインでの美術指導もすっかり放り出してしまいました。

企業の重役も入門レベルの専門職も、大なり小なり毎日たくさんの決断をしています。一部の研究者たちの見積もりでは、毎日の決断の数はなんと3万5000にものぼるそうです！[1]

決断の多くはリスクが低いもので、なんの労力も必要とせず、本人が気づかないうちになされています。もし、そうした決断をすべて慎重に検討する必要があったら、完全にお手上げでしょう。デスクまでどの道筋を通って歩けばいいか、どのペンを使うか、短い返信メールになんと書くか。それらが多大な労力を必要としない決断であるからこそ、私たちは毎日何千、何万もの決断をしているにもかかわらず、そのうち平均でわずか70ほどしか記憶していないのだと、最近の研究が示しています[2]。

　ですが、一部の決断はリスクが高く、集中力を必要とします。このタイプはそれほど頻繁に直面しませんが、精神的・感情的エネルギーをひどく消耗します。かなり大きなエネルギーを投じて、集中しなければならないのです。

　たとえば、マーケティング分野であれば、品ぞろえやサービスの手法、リブランドの時期や戦略、商品を市場でどう位置づけるかなどに関しての決断が考えられますし、起業家ならば、拡大路線に転じて従業員を雇う時期や、増資するかどうか、会社を売るかどうかの決断を迫られる、といった例が考えられます。そして、ＩＴ専門家ならば、高度の決断としては、大がかりな機器の購入などがあげられるでしょう。

　さらに、中リスクの決断は、低リスクの決断より深く考える必要があり、高リスクの決断よりもずっと頻繁に直面します。仕事をする上で、この中リスクの決断は、忘れられたり無視されたりする場合があります。なぜなら、低リスクの決断ほど簡単ではないため、あと回しにされがちなのです。しかも、高リスクの決断ほど重要ではないため、つい忘れてしまいがちです。リサが授業の準備をせずに教壇に立ってしまったのは、まさにそのせいでした。前夜までに解決するには難しすぎて、登校前に思い出せるほど重要ではなかったのです。

　一般に、中リスクの決断は、さまざまな仕事の効率を良くしたり、質を向上させたりするためのものです。たとえば、だれにプロジェクトの最新情報を与えるか、どうすれば作業の段取りを改善できるか、どのようにして成果を評価するか、といったものです。マーケティング担当者ならば、どんな市場調査を実施するか、いつ商品価格を見直すか、広告の新戦略をどうするか、その効果をどのように測るかなどを考えるでしょう。また、起業家にとっての中リスクの決断には、商品やサービスの改善方法や、出席する会議の選択などがあるでしょう。そして、ＩＴ専門家ならば、ソフトウエアのアップグレードの時期などが中リスクの決断に含まれるでしょう。

きっと、**決断を片づけることは、散らかっている仕事場のモノたちを片づけることとはまったく違うように思えるはず**です。お気に入りのホチキスを捨てないと決めることと、カスタマー対応の方針や同僚との共同作業の時期を決めることは、まったく異なると感じられるでしょう。**ですが、じつはまったく同じなのです。要するに、残す価値のあるものはどれか？　もっと端的に言うならば、時間とエネルギーをそそぐ価値のある決断はどれか？**

仕事の上での決断を考えるとき、こんなステップを踏んでみましょう。小さな決断のことは忘れて、中程度の決断については優先度を整理し、高度な決断に精神的エネルギーを投じましょう。

低リスクの決断の大半は、時間とエネルギーをそそぐ価値がない

低リスクの決断から考えてみましょう。まず気をつけたいのは、特定の決断が低リスクかどうかは、あなたの仕事の内容や、組織内でのあなたの立場に関連している、ということです。たとえば、会社の重役が低リスクと見なす決断は、新入社員にとってははるかに重要な意味を持つでしょう。とはいえ、低リスクの決断の多くは頭を使うまでもなく、自動的に行われるので、たぶん記憶に残ることはありません。それで問題ないのです。そのまま流れに任せておきましょう。

意識して決めている事柄についても、時間をかける価値のある決断は少ないのです。たとえば、こんなことを決めていますか？

＊コピー用紙の種類

＊プレゼンテーション資料に線グラフを使うか棒グラフを使うか

＊報告書のフォント

どう決めても結果があまり違わないのであれば、時間を無駄にしないでください。いきなりそう言われても無理だと思われるかもしれません。じつは、私自身も以前はいろいろと考えすぎていました。出張先のホテルをどこにするか、講義用資料のフォントをどれにするか、会食のメニューを何にするか、といった事柄です。

低リスクの決断は、自動化してしまうことが可能です。たとえば、次のように。

*必要な量がわかっているものは、オンライン通販で定期購入
*たとえば金曜日の午前中は絶対に会議を入れない、といったルールを決めておく
*メールの末尾に、あいさつ文が自動的に入るように設定する

何を、どんな風に自動化するかは、人それぞれです。〈アップル〉のＣＥＯだったスティーブ・ジョブズは、身につける衣服の選択を自動化していました。毎日、同じようなタートルネックを着ていたのです。作家で起業家のティモシー・フェリスは、毎朝同じものを食べています。[3] **ささいな決断にこだわらなければ、もっと重要な決断に時間とエネルギーを割ける**のです。

中リスクと高リスクの決断を並べてみる

現在、あるいは近いうちに決めなければならない、中リスクと高リスクの事柄を全部洗い出してみましょう。一般に、高リスクの決断は急を要しますし、大半の人が体験するのは、ほんのひと握りの数だけです。

たとえば、スティーブ・ジョブズは〈アップル〉に返り咲いたとき、重役陣を完全に刷新し、その後、キーパッドなしの携帯電話、すなわちアイフォン（iPhone）を開発しました。また、中堅管理職にとっての高リスクの決断は、企業規模の変革や自分のチームにどんな人物を採用するかなどでしょう。専門職の新人にとっては、信頼のおける相談相手を選ぶことが高リスクの決断の一つでしょう。

中リスクの決断は、低リスクと高リスクの決断を除いた残りです。ほとんどの人にとって、何が自分の仕事を大きく向上させるかを考えれば、それこそが中リスクの決断だと理解できます。たとえば、仕事の手順や工程の向上、製品やサービスの刷新、問題解決のための助言、進捗《しんちょく》状況の伝達などについての決断があてはまるでしょう。

中リスクと高リスクの決断の内容を、インデックスカード（もしくは付箋）に1枚ずつ簡単にまとめましょう。カードではなくスプレッドシートで一覧にしてもいいでしょう。たいていの場合、決断の数は20ほどですから、それほど手間はかからないはずです。

決断を整理する

さて、カードに書き出したら、高度の決断にはしるしを付けておきましょう。それらは、あなたの仕事や人生に大きな影響をもたらす決断であり、貴重な時間とエネルギーを費やす価値があります。ひとまず脇に置いておきます。

残ったものが中リスクの決断です。それらを一つひとつチェックして、残すべきかどうか見極めます。カードを手に取って、簡単なルールにしたがって仕分けしてください。**あなたの仕事に必要不可欠であるカードや、あなたのワークスタイルの展望を広げる助けになるカードを、残しておきましょう。**

さて、手元に残したカードをどうするか、考えましょう。１枚ずつ手にして、自分自身にこう問いかけるのです。

この決断によって影響を受ける人が他にもいるか、だれが決断をするべきか？

この決断をする上で、判断力と情報力にもっともすぐれているのはだれか？
この決断を、だれかにゆだねられるか？
この決断をする頻度は？
この決断は、自動化して、定期的に検討すれば事足りるか？

もし、自分以外のだれかが決断をするべきだと感じ、それが可能ならば、頼んでしまいましょう（カードには「依頼」としるしを付けて、頼む相手の名前を書いておきます）。あなたと同列あるいは目上の人に頼むのは難しいと感じられるかもしれませんが、不可能ではありません。丁寧な態度で、合理的な理由を説明するのが、上手な頼み方です。さらに、この先、相手の決断にも一役買いますと申し出るのもよいでしょう。なによりも、その決断には大切な意味があるのだとはっきり伝えましょう。

定期的にかかわる必要がないと思われる事柄については、決断を自動化しましょう（カードには「定期」としるしを付けて、予定時期を書いておきます）。

あらたな決断が生じたときにも、それまでの経験を活《い》かし、自信を持って整理しましょう。高リスクの決断と、重要性が強い中リスクの決断に集中するのです。**どれに時間とエネルギーを投じるかの選択にこだわりましょう。**以前は重要な決断だと思えていたことが、別の人に決めてもらってもよかったとか、そうするべきだったと思える可能性もあります。

よい決断をするためには、自分が決断しないほうがいいときもあると認識することも必要なのです！

リサがどんな問題を抱えているのか、ひと通り聞いた上で、私たちは彼女が決断を片づけるのを手伝いました。洋服を山積みにした場合と同じで、決めなければならない事柄をカードに書いて1ヶ所に集めたことで、リサは自分がどれくらいの量の問題を抱えているのか把握できました。決めなければならないことがたくさんありすぎて手に負えないと、彼女はいつも感じていました。

翌週、彼女は決断の山を見直して、その中に何度もくり返されている決断があるのを発見しました。とくに、高校の生徒の授業態度への指導や、フリーランスの仕事関連のインスタグラムへ寄せられた質問への回答に関する内容が目立ちました。

リサは決断の山から9％を削り、40％を自動化しました。たとえば、毎日の授業では、パターンを決めました。まずは、生徒たちに前回の作業の続きをさせておいて、そのあいだに、彼女は邪魔が入ることなく出欠を取ります。また、課題の出来具合に関して、生徒たちにある程度自己評価させたので、彼女が判断しなければならない割合が減りました。

リサはまた、毎朝インスタグラムを更新し、コメントは毎日2回と定めました。

散らかっていた決断を整理したあと、残った決断のほとんどは高度の創造性を必要とするものでした——どんな作品をつくろうか、ビジネス上のどんな大きな決断に迫られているか、この先オンラインビジネスをどのように進めていくか。これらはリサにとってときめきを感じられるタイプの決断でした。

その後、彼女の状況をフォローアップしたところ、片づけの成果は良好でした。「これならできると思えるようになりました……たったあれだけのことでこんなに効果があるなんて、信じられない気持ちです」とリサは感心していました。時間も、やる気も、高リスクな決断をするスキルまでも、彼女は身につけました。そして、美術教師を辞めてビジネスに専念する道を選びました。その結果、間もなく収入が3倍になったのです。

最大の変化は、仕事や人生を愛するようになったことでした。彼女は「片づけることは、私にとって本当に大きな影響をもたらしました。今でも、毎日が喜びの連続です……創造力のエネルギーが満ちてきます！！！　もし決断の片づけをしなかったら、こんな気持ちは絶対に味わえなかったでしょう……おかげさまで、以前よりもずっと幸福な毎日を送っています」と書いた手紙をくれました。そして、恩恵は仕事だけにとどまりませんでした。リサは息子との関係改善に成功し、1ヶ月もしないうちに7キロ近い減量を達成し、昔のような前向きな性格を取り戻したのです。

片づけの選択肢——選択肢は多いほどいいとは限らない

では、決断するときの具体的なポイントを見てみましょう。一般には、選択肢が多いほど有利だと考えられがちです。たしかに、業者や商店を選ぶのであれば、数多くを検討するほうがいいでしょう。退職後の資産形成のために投資会社を決める場合も、そうでしょう。最高の職を得たいときにも、できるだけ多くの選択肢がほしいでしょう。

選択肢がたくさんあるほうがいいというのは真実ですが、それには限度があります。選択肢があまりにも多すぎると、かえってうまくいかなくなって、結果に満足できなくなる場合があるのです[4]。もし捨てたほうの選択肢を選んだら、どうだっただろうか。断った仕事、採用しなかったプロジェクトの進行方法、参入できたのにしなかったマーケット、師事しなかった指導者など、別の選択肢を選んでいたらどうなっただろうかと考えてしまうのです。どの選択肢を選んでも、やはりあっちにすればよかったと思うのはよくある話です。

どんな内容でも、五つ以上の選択肢を一度に検討するのは難しいのです。だれかに決断を依頼されたときには、選択肢を五つ以内にしてくれるように頼みましょう。決断はあなたがするにしても、相手に選択肢を見込みのあるものから順に五つ選んでもらうのです。そうすることで、後悔する可能性を減らせます。

研究によれば、選択肢を整理する簡単な方法は、ほかにもいくつかあります[5]。第一に、もしよく似た選択肢がいくつかあれば、たぶんよい選択肢が複数あるので、そのうちの一つを選ぶこと。第二に、選択肢を一般常識に応じた順序に並べること。たとえば、高いものから安いもの、あるいは、最大リスク最大リターンから最小リスク最小リターンのものへ。第三に、自分が求めているものがわかっていなければ、たくさんの選択肢を検討するのは手間がかかりすぎます。たとえば、あなたが求職中だとしましょう。求めるものが、将来性と通勤時間の短さと自由な時間の多さだとわかっていれば、選択肢がいくら多くても、最適なものを選ぶことができるでしょう。けれど、どんな条件が望ましいか自分がわかっていないと、選択肢が多すぎて混乱するばかりです[6]。

たいていの決断は、完璧でなくても十分

いつも完璧な決断をしなければならない、そんな考えは捨てましょう。完璧な判断ができることもあれば、できないこともあるのです。そう言われても納得できないと思われる

かもしれませんが、これにはちゃんとした理由があります。たいていの場合、それなりに満足できる決断であれば、それで十分なのです。完璧さの追求は必要ない場合が多く、犠牲が大きすぎます。完璧さを求めれば、ほかの活動に使えたはずの時間やエネルギーが無駄になり、いざ完璧な選択ができなかったとき、ストレスや失望が生まれます。

　何かを決める前に、どんな結果があなたにときめきをもたらすか、自分に問いかけてみましょう。それなりに十分な決断で幸福になれるときに、完璧さにこだわる必要などありません。

　さらにいえば、変化の激しい今の世の中では、どれほどすばらしい決断であっても、その完璧さは長続きしないかもしれません。完璧な解決法を求めることに力を入れすぎると、それにこだわるあまり、結果として時機《じき》を逸《いつ》しかねません[7]。だからこそ、完璧さよりも、それなりに十分であることのほうが、役に立つ場合が多いのです。

　完璧主義に陥るのを避けるためには、決断にかける時間を限りましょう。考えすぎや行き過ぎた議論は、時間や労力の無駄になります。新しい情報に応じて、決断をアップデートできるように、柔軟な心を持ちましょう。そして、ほぼ例外のない事実なのですが、決断の結果として得られるのは、期待したほどのものではありませんので、それを忘れずに。

　決断を片づけるときには、実際に影響をもたらすものだけに集中しましょう。そうして、どれが時間と労力をかけるのにふさわしいか、どれが削除したり他人に任せたり自動化したりするべきなのか、それを区別するのです。多すぎる選択肢のせいで混乱してしまうことを避け、そもそもの目標をよく考えましょう。そうすれば、難しいと思われた決断が、突如《とつじょ》として簡単に感じられます。時間とエネルギーを必要とする重要な局面で、自分の決断に自信が持て、満足することができるのです。

Joy
at
Work

第7章
人脈を片づける

スコット・ソネンシェイン

アーティストにとって、インスタグラムは重要なソーシャルメディアの基盤でしょう。イギリス人の画家でイラストレーターのリアンには、なんと1万5000人ものフォロワーがいました。すばらしいことでしょうが、同時に、それほど多くのフォロワーとのつながりを維持するのはとても大変でした。コメント欄にどうでもいいようなメッセージがあふれたせいで、作品に興味を持ったバイヤーからの連絡が紛《まぎ》れてしまったり、重要なコメントに返信することができなかったり。しかも、悪質な「荒らし」にも悩まされていました。コメント欄は、でたらめな非難や中傷めいた書き込みだらけ。そんな状態が続いて、時間や手間ばかりかかる上に精神的消耗が激しいネットワークを維持することに、リアンはすっかり疲れきってしまいました。

　ソーシャルメディアに時間をかけすぎて、リアンは仕事も家庭もおざなりになっていました。「子育てと、アーティストとしての活動の両立で、ただでさえ大変なんです。1日に10回もポストする時間なんてありません」と彼女は私に訴えました。正直なところ、作品制作よりもインスタグラムのほうに時間がかかっていたのです。

　そこで、リアンは大きな決断をしました。インスタグラムのアカウントをすっかり削除したのです。「最近の世の中では、フォロワーの数は多いほどいいと思われているようですが、私の目標は数ではありません」と彼女は理由を語りました。作品を売るためには、大きな人脈はあまり役に立たないのです。「アート作品を売るには、ちょっと面白そうだからとメッセージを送ってくる1万5000人よりも、作品を買う気がある数十人の愛好家がフォローしてくれるほうがずっとうれしいのです」と彼女は続けました。フォロワーがゼロの状態から再スタートをした彼女は、以前よりも注意深くなり、自分の作品を本当に評価してくれる人たちとだけつながろうと心がけるようになりました。

　対面でもオンライン経由でも、人脈づくりは、できるだけ多くのつながりを得る手段と考えられがちです——電話、フェイスブックの友達、インスタグラムのフォロワー、リンクトインのつながり、ツイッターのフォロワーなどいろいろ。そこでは人脈の広がりが数字で示され、その数字が大きくなるほどいい気分になれるのです。**自分の数字を同僚や友人の数字と比べて、つながりが多ければ多いほど重要人物なのだと、誤って思い込んでしまいます。**あるいは、つながりが多いほど人気があるとか、成功しているとか、信じてしまうのです。では、ここではっきりお教えしましょう。大きな人脈を持っていることの意味はたった一つ——それほど大きな人脈をつくった、という事実だけです！

人脈を、ときめきの源泉にしましょう。一緒に過ごす時間を楽しめ、助け合い、あなたの成長や成功を気にかけてくれ、挫折や失敗を打ち明けて相談できる、そんな人々とのつながりを築きましょう。

どれくらい大きな人脈が必要か？

大きな人脈があれば、たとえば、その中に未公開の求人情報や、難しい問題の答えを知っている人がいて、助けになってくれるかもしれません。そう考えるからこそ、人々は人脈の拡大に時間や労力をそそぐのです。

職場や生活圏で親しくしている人々とは、日常的に情報を交換しています。ですが、大きな人脈内の人々とは、ふだんは接点がないので、彼らから学ぶことはたしかにいろいろあります。とはいえ、**役に立つ人との接点がある人脈と、役に立ち、しかも本当に助けてくれる気がある人との接点がある人脈とには、大きな違いがあります。**

かつてテクノロジー企業の重役として活躍し、今はスタートアップ企業への投資をしているカレンは、初めのうち、できる限り多くの人に会うという、典型的な人脈づくりに励んでいました。「あちこちの会議や催《もよお》しに出席して、たくさんの人に会いました。でも、振り返ると、あれは本物の出会いではなかったし、しっかりしたつながりは築けませんでした。いわば、数のゲームだったんです」と彼女は言います。消耗するばかりで、時間の無駄だったのです。

そうした人脈づくりから満足が得られなかったため、彼女は方針を変えました。広く網を張るのではなく、比較的少数の人と、深い絆《きずな》を形成することにしたのです。間もなく、新規の投資案件を検討することになって、速やかに一連の専門的な調査をする必要が生じたとき、そうしたアプローチの真価が証明されました。さほど大きくない彼女の人脈内に、もしかしたら力になってくれるかもしれないと思える女性がいたのです。彼女に連絡したカレンは、ほんの数時間のうちに詳細な答えを受け取りました。「自力でやったら、ゆうに数週間かかる調査でした」とカレンは言います。けれど、助けを求めた相手とのあいだにしっかり絆を築いていたので、必要な助力をすぐに得られたのです。数日後、彼女は頼みごとに応えてくれた相手に、感謝を伝える手紙を書き送りました。

人脈をスリムダウンする方針には、ほかにも恩恵がありました。「付き合いでイベントに出かける機会がだいぶ減りました……おかげでかなり余裕ができたんです」と彼女はうれしそうでした。

大きな人脈はまた、有意義なつながりをつくることを難しくします。[1]研究によれば、**私たちが管理できる有意義なつながりは１５０が限界です。[2]それ以上になると、相手を本当**

に知ることは困難なのです。

では、簡単なテストをしてみましょう。人脈内の知り合いや友人について考えたとき、全員の顔がすぐに思い浮かべられますか？　彼らにときめきを感じますか？　たぶん、必ずしもそうではないのでは。

大きな人脈を持っている人でも、しっかりした付き合いがあるのは、そのうちのほんの一部分でしょう。[3]「友人」のほとんどは、あなたとの心からのつながりには関心がなく、なにかしらの頼みごとがあるときに電話をかけてきます。

5章で時間を片づけたクリスティーナは、あるときその事実を思い知りました。ハーバード大学ビジネススクールの卒業生である彼女は、大規模で権威のある人脈からたくさんの恩恵を受けられるはずだと、期待していました。ところが、やがて気づいてみると、そこには有意義なつながりはなく、頼まれごとばかりが多かったのです。「2週間のうちに10人もの人から、ちょっと知恵を借りたいというメールをもらった時期もありました。その人たちは、ずっと親しくしてくれていた友人ではありませんでした」と言うのです。彼女はそういう依頼を残らず引き受けたので、自分の仕事や生活に支障が生じ、精神的に疲れきってしまいました。

さらに、行き過ぎた人脈づくりの弊害《へいがい》は、時間を浪費するばかりではありません。とくにオンラインの人脈についていえば、心の幸福を害する可能性があります。研究によれば、

ソーシャルメディアに時間を使えば使うほど、あなたの幸福感は減少します。[4] なぜなら、一般に、ソーシャルメディアでシェアされるのは良いニュースばかりで、悪いニュースをシェアする人はほとんどいないからです。たとえば、リンクトインで「さっき解雇《かいこ》された！」とか「今日、仕事で大失敗しました」と通知する人はまずいないでしょう。

ソーシャルメディア上の登場人物と自分を比べて落ち込んだりするのはやめて、理想のワークスタイルに向かって自分がどれくらい進歩したかを、自分に問いかけてみましょう。それこそが、重要な比較なのです。

近藤麻理恵の
ミニコラム

こんまり流　人脈の片づけ法

ときめく人間関係を築くために大切なこと。それは、自分がどういう人付き合いをしていると心地よいかを知ることです。

たとえば、たくさんの人に囲まれてみんなでワイワイ楽しい時間を過ごすのが好きな人もいれば、少ない人数で深く関わり合う人間関係が好きな人もいます。

私の場合は、どちらかというと後者。マメに連絡を取り合ったりするのがあまり得意ではないので、少ない人間関係の中で生きるほうが心地いいと感じています。

でもそんな私も、会社を辞めて片づけコンサルタントとして独立したばかりの頃は、とにかく人脈づくりに精を出したこともあります。自分のビジネスをより多くの人に知ってもらおうと、セミナーや異業種交流会に参加し、たくさんの人と名刺交換をしたのです。

しかし、次第に違和感を覚え始めました。

知り合いが増えれば増えるほど、イベントやパーティ、飲み会のお誘いが増え、スケジュールがパンパンに。本当にやりたいことに時間が割けなくなってしまいました。また、連絡がたくさん来るので、返信するのもひと苦労。連絡帳の名前を見ても「この人、だれだっけ？」と顔が思い出せない人が増えていきました。

「たくさんの情報に埋もれて心地よくない」

「顔を思い出せない人となんとなくつながっていることのほうが不誠実なのでは？」

関わる人が増えれば増えるほど、そんな違和感を強く抱くようになったので、一度人間関係をリセットしようと決めました。

まずは、こんまりメソッドにのっとり連絡先を一つひとつ見て、今の自分にとってときめく関係だけ残していきました。すると、メールアドレスもメッセンジャーアプリの連絡先も大幅に削減され、一時期はLINEの連絡先が家族を除いて10人になるまでに。

正直自分でもここまで減らせたのにはビックリしましたが、実際にやってみて心がとても軽くなりましたし、残した人をより大切にできるようになりました。

たとえば、時間と心の余裕ができたので、家族との連絡をこまめに取れるようになったり、ちょっとしたことでも友人にお礼ができるようになりました。そして、**残した大切な人に対して、以前よりもずっと感謝の気持ちを持てるようになった**のです。

人間関係をリセットして以来、私は定期的に自分の人間関係を振り返り、感謝をするというワークをするようになりました。今自分が関わっている人の名前を書いて、一人ひとりに対して感謝の気持ちをノートに書くのです。そうすることによって、その人たちをもっと大切にしようという気持ちがあふれていき、よりあたたかい人間関係を育《はぐく》める自分になれるからです。

このワークは、とくに忙しい時期は仕事に集中するあまり、周りの人への気遣いを忘れてしまいがちな私にはぴったりでした。

ときめくものを選ぶこと、残したものを大切にすること。両方があって、ときめく暮らしが実現するように、この二つがそろって初めて、ときめく人付き合いができると私は考えています。

もしあなたが、今の人間関係に少しでも違和感があるのならば、それはサイン。自分が心地よくいることがあなたの人生をより豊かにし、巡り巡って多くの人に貢献できる自分になれると信じて、感謝して手放していきましょう。そして残した人を大切にしていきましょう。

ときめく人脈づくりのために人間関係を見つめ直す

きっと、あなたの人脈はいろいろなところにあるでしょう。リンクトインやフェイスブックなどのソーシャルメディア、そしてスマホの連絡先やメールのアドレス帳。そして、名刺の片づけについては、すでに近藤さんがお教えしましたね。さまざまな人脈リストを一つにまとめるのは、とても時間と手間のかかる作業になるでしょう。ですが、そうした人間関係については、プラットフォームごとに整理してもいいのです。まずは、あなたの理想のワークスタイルをイメージしてください。だれと一緒に、どんなタイプの人たちと一緒に過ごしたいですか？

一人ひとりを思い浮かべて、自分自身に問いかけてみましょう。第一の質問はこうです。**仕事のためには、どんなつながりを必要としているか？** 同僚やビジネスパートナーとのつながりは、ときには仕事の一部です。

次に、第二の質問はこうです。**目指すワークスタイルの実現を助けてくれるのは、どんなつながりだろう？** こうしたつながりは、新しい（そして、もっと良い）仕事や、貴重な情報や考え方を得る機会、見込み客のリストや役立つ助言といった、ときめく未来をもたらすのを助けてくれます。

　最後に、第三の質問はこうです。**どんなつながりにときめきを感じるか？**　たとえば、その人のことを考えると、思わず笑顔になるか？　その人に会えるのがうれしいか？　相手とのつながりが有意義だから、ときめきを感じることもあるでしょう。また、一緒にいたり、助け合ったり、教えてあげるのが楽しく感じられるという相手もいるでしょう。

　これらの三つの問いかけへの答えがイエスにならなければ、その人をフォローするのをやめて、ソーシャルメディアの人脈リストから外しましょう。多くのソーシャルメディアでは、相手に知られずにブロックしたり、削除したりすることが可能です。

　そして、今後は、人脈づくりに際してはもっと注意深くなりましょう。私も以前は、リンクトインやフェイスブックで友達リクエストをもらうと、知り合いの輪が広がるぞと単純に喜んで、イエスを連発していました。けれど、じつは自分は本物の人脈をつくっているのではなく、浅く広い人間関係を拡大しているだけなのだと悟りました。

　また、実際に会いましょうと誘われた場合も、必ずしも応じる必要はありませんし、地域のネットワークイベントにもれなく参加する必要もないのです。厳しく聞こえるかもしれませんが、本当に重要なつながりを大切にして、それらに時間を割くためには、こうした姿勢が欠かせません。

質の高い人脈をつくるには

4章に登場したトニーは、つい先日、この7年間で3度目の昇進を祝いました。エネルギー企業の営業とマーケティングの分野で活躍する彼は、順調なキャリアを歩むために、さぞかしすばらしい人脈を築き上げたのだろうと、みなさんは思うでしょう。

勤務先の企業で大きな組織改編があって直属の上司が退職させられたとき、近いうちに自分も同じ運命をたどるのかもしれないと、トニーは覚悟しました。そこで、広い人脈に頼るのではなく、すでに質の高い関係を築いていた4人に相談を持ちかけました。すると、たちまち見込みのありそうな求人情報が4件も得られました。「重要なのは、人脈の広さではありませんでした。ふだんから、電話でやりとりしている相手は30人ほどだけです。人数は少ないですが、質の高い人脈なのです」とトニーは言います。

ネットワークの大きさが限られているとき、適切な人脈が築けているかどうかが非常に重要です。研究によれば、**質の高い人脈とは、たとえば厳しい締め切りや、大きな失敗、あるいはトニーの例のようにキャリアが脅《おびや》かされたとき、たがいに相手を本気で心配する、**[5]**そういう関係です。本心を伝えあい、相手から学び、逆境にも対抗できる人間関係なので**

す。

　私の師であるジェーンは、質の高い人脈を研究する専門家として名高いばかりでなく、それをどのようにして築くのか、身をもって示してくれました。ミシガン大学で教えていた彼女は、同僚との質の高いつながりが、心身の健康や勉学や創造力など、多くの前向きな成果につながることを示してくれました。[6]

　質の高い人脈を築くには、第一に、相手としっかり向き合わなければいけません。友人のフェイスブックの投稿に「いいね！」したり、リンクトインでの昇進の公表に「コングラチュレーション！」ボタンを押したりするのは、簡単ですが、どう考えてもなんの意味もありません。

「最近、どうですか？」と尋ねるときには、あまり芳《かんば》しくない近況報告を5分間聴く可能性も覚悟して口を開きましょう。そして、逆に、尋ねられたときには、「元気です」と表面だけの返事をしないように。

　ジェーンに初めて「最近、どうですか？」と尋ねられたときのことを、今でもよく覚えています。ただの社交辞令だと思った私は、すかさず「元気です」と答えました。そのときの彼女の反応はといえば、私の両目をしっかり見つめて、「そうじゃなくて、本当に、最近どうしているかを聞いているのですよ」と、さらにはっきりした口調で尋ねたのです。私の最初の答えでは本物の人間関係を築けないと判断したので、わざわざくり返して尋ねたのです。彼女は、私の人生に何が起きているかを、本気で知ろうとしていました。そして、私は、尊敬する重要人物に心のうちを話すなんて畏《おそ》れ多い、という気後れをようやく乗り越えたのです。彼女は高名な学者でした（そして、私は学生でした）が、それでも本物のつながりを求めていたのです。

第二に、相手が最大限に力を発揮するのを助けましょう。あなたが助けたいと思っているのがわかれば、相手は心を開きます。良き指導者となることは、これを実現する強力な方法ですが、方法は他にもあります。助けが必要な同僚に手を貸したり、相手の話をじっくり聴いたりすることは、もっと気軽に他人を手助けする方法です。プロジェクトに前向きな意見を述べたり、アイデアに賛成したりして、いわば、弦楽器の音を響かせる共鳴板のような働きをすることによって、私たちは他人の人生に大きな変化をもたらせるのです。ジェーンは指導者として稀《まれ》にしか見られない方法で、教え子たちの成長を献身的に支えました。その結果は、彼女の教室から、数多くの著名な専門家が育ったことに如実《にょじつ》に示されています。

第三に、心を開いて、相手を信頼しましょう。自分の弱点を隠さず、失敗を語り、欠点に正直になりましょう。壁をつくらず、自分もまた成長の余地があることを示しましょう。それは、自分の立場を不安に思ってばかりでは難しいことです。もし、あなたが指導的な立場にあるのなら、周囲の人々から持ち上げられて、弱みを見せるのはいっそう難しいでしょう。ですが、才能にあふれたすばらしい人物でも、たくさんの失敗をするものです——あなたと同じく！　完璧な人間のふりをするのはやめましょう。そうすれば、意義のある絆を結ぶための第一歩を踏み出せます。

信頼を築くための、もうひとつの方法は、完全に任せてしまうことです。いったんだれかに仕事を頼んだら、頻繁に進捗確認をしたり、アイデアを無視したりしないことです。博士課程に進んだばかりの私に、ジェーンは研究プロジェクトの重要な部分を任せてくれました。そして、私が失敗すると、昔は自分だって失敗をくり返したし、それも研究のうちなのだと言ってくれたのです。

第四に、遊び心を忘れずに。ときにはばかな真似をする余裕を与えるとともに、考えを深め、創造力に火をつけるきっかけともなります。[7] チームや、会社を挙げて成果を祝うイベントは楽しいものですが、一般には、もっと自然で自発的なイベントのほうが、心がこもっているものですし、やらされている感も生じません。

現役時代のジェーンは、世界的に著名な学者たちも巻き込んで、数多くのイベントを開催しました。とかく大学教授というものは、かなり内向的で、生真面目、しかも辛辣《しんらつ》なところがあります。それでも彼女は、彼らの遊び心を刺激する仕掛けを忘れませんでした。彼女のお得意の一つは、会議の場でイベントのテーマを象徴するアイテムを渡して、楽しい雰囲気をつくる、という仕掛けでした——たとえば、専門分野での成長をテーマにした会議では、植物の種を配る、というように。

指導にも、助言にも、他の種類の手助けにも、頼まれたことにすべてイエスと答えるのではなく、本物の人間関係を築くことがとても重要です。表面的な依頼にノーと答えるのはなんの問題もありませんし、あなたが心から大切に思っている人のために人脈を利用するのは、与えられて当然の利益です。質の高い絆を結んだ人脈を築いて、大きくてもうわべだけではなく、小さくても本物のときめきをくれる人間関係を育てましょう。

Joy
at
Work

第8章
会議を片づける

スコット・ソネンシェイン

ガヴィーノは政府の法執行機関で長く働いたのちに、米陸軍でも働きました。自分でも満足のいくキャリアであり、とくに警察学校のカリキュラムや指導法を刷新し、アフガニスタンでの議会選挙の安全確保に貢献したことには強い誇《ほこ》りを感じていました。けれど、そうしたキャリアは、会議だらけの日々でもありました。打ち合わせも毎日ありました。なかには、話し合う内容がまったくない会議さえあったのです。

結局、ガヴィーノは公的機関を離れて、グローバルなコンサルティング会社へ転職しました。そして、大手企業数社のために、給与や休暇といった人事管理機能を、単独のテクノロジー環境でまとめる管理体制構築に取り組むことになりました。

民間の世界が、それまで働いていた公的機関と大きく違うことに、彼はすぐに気づきました。民間企業では、系統立った決まり事抜きで、いつ、どのようにして、会議を開くかを、リーダーたちが決定できるのです。

彼が最初に担当したのは、フロリダに本社を置く製造業の企業のプロジェクトでした。プロジェクトの共同リーダーの二人は、コンサルティング会社で同じような地位にあり、経歴も同程度でした。両者とも、相手が開く会議に出席していましたが、会議のやり方は大きく違っていました。一方のリーダーであるジョンは、長くて入念な会議を頻繁に開くのが好きでした。他方のマークは、短くて簡潔な会議を好み、回数も比較的少なく設定していました。

ジョンの会議では、話し合う目的がはっきりせず、いつも最終的には出席者たちが疲れて、発言が途切れて終わっていました。あるとき、会議が長々と続いたあげくに、出席者の一人がみんなを解放する名案を思い付きました。トイレへ行くと告げて退室したのです。次々とそれに続き、とうとう会議は終わりました。「そういう会議ばかりしていると仕事の時間が奪われるし、この会議は永遠に終わらないのかもと思えてくる……まるで罰を受けているみたいだ……働く喜びを奪われてしまいますよ」とガヴィーノはぼやきました。

それに対して、マークの会議はいつも時間厳守で、議題があらかじめ準備されているおかげで、予定よりも早く終わることさえありました。議論する内容は濃密で、やる気を起こさせ、ガヴィーノは会議後にはいつも、努力して価値ある貢献をしようという気持ちになっていました。

会議は私たちを消耗させることがありますが、同時に、必要なものでもあります。会議の場で、新しいアイデアが生まれ、重要な決断がくだされ、他者から学んだり共同作業をしたりできるのです。ある研究によれば、仕事に対する満足感の15%は、会議について満足していることに由来するそうです。[1] 職種や報酬額、昇進の機会や上司との折り合いなど、数多くの要因が仕事への満足感を左右することを考えれば、15%はかなりの数字です。

会議がうまく進めば、仕事に対してときめきを感じやすくなります。逆に、へたな会議は苦痛だらけで、生産性の足を引っぱる最悪の障害になりかねません。[2] 働く意欲をそぎ、心身を消耗させ、仕事からときめきを奪ってしまいます。[3]

ですが、ガヴィーノの経験が示しているように、会議は必ずしも問題とは限りません。**簡潔な会議を回数を抑えて開くことは、生産性の向上につながりうるのです。**あなたの肩書や立場に関係なく、会議の時間を半減させ、成果を倍増させ、さらにはあらたなときめきを加えるための、シンプルなステップがあるのです！

理想の会議を思い描く

会議を片づける前に、「理想の会議」とはどんなものかイメージしてみましょう——どんな会議なら出席したいですか、あなたはどんな会議を開きたいですか。たとえ、あなたがキャリアをスタートしたばかりで、他の人々が主宰する会議の末席に座っているだけであっても、自分が会議から何を得たいのか知っておくことは重要です。会議なんて気が滅入るものに決まっているなどと思っていては、結局は何も得られません。

理想の会議の条件は、明確な目的があることでしょうか？ 積極的な参加？ たがいの意見に耳を傾け、尊重し合い、楽しむこと？ それとも、短時間で結果を出すことでしょうか？

理想の会議と、それがもたらす結果をイメージしてみましょう。書きとめてみるのもよいでしょう。

会議にどれほど時間を割いているか

おそらくあなたは、自分が１週間のうち、会議にどれほどの時間と労力を割いているか、本当のところを認識していないでしょう。では、分散されている会議をひとまとめにして考えてみましょう。

まず、先週の予定表を振り返って、出席した会議をすべてチェックしてみてください。予定されていたものだけでなく、直前になって招集されたものも含めてください。一つの会議ごとに、１枚のインデックスカードや付箋に（もちろん、スプレッドシートでも）、名称、所要時間、あなたの出席頻度を記録します。

次に、カードを1枚ずつ手に持って、自分に尋ねます。

この会議は自分の仕事に必要だったか？ たとえば、書類を読んだだけでは知ることのできない有益な情報を得られたか？ 重大な問題を解決するのに役立ったか？ なんらかの判断や計画策定や行動の糸口をつくったか？ 行かないと上司が怒るから出席したのか？ 毎週開かれているが、本当に必要なのか？

理想のワークスタイルに近づくために役に立つのか？ たとえば、キャリアアップのためになる何かを学べたか？

ときめきをもたらすか？ たとえば、同僚たちとのつながりが深まったか？ 楽しかったか？

これらの条件に一つもあてはまらないなら、そのカードは捨ててしまいましょう。ただし、その際に感謝の心を忘れずに。

自分が関係している会議について、すべての会議をキャンセルするという前提で、カードを1枚1枚確認しましょう。聖域はありません——週ごとの連絡会議も、四半期ごとの社外会議も、期末の報告会も、隔月のプロジェクト会議も。仕事のためになり、出席者たちに満足をもたらす集まりだけを残すのです。ただし、残しておくのは、それが必要であり、有益であるあいだだけ。過去に大変役立ったからといって、見直しせずに残しておいてはいけません。

では、残ったカードをすべて、目の前に並べましょう。それらのカードは、あなたの仕事について何を語っているでしょうか？　会議に時間を使いすぎて、仕事にあてる時間が足りなくなっていませんか？　会議の多くが仕事に欠かせないもので、理想的なワークスタイルのためになっていますか？　上司を満足させるためだけに出席して、そんな会議ですっかり時間を占められてはいませんか？

まとまりがない会議と自分の仕事に関係のない会議

必要でない、楽しい将来を実現する上で役立たない、ときめきを感じない、そういう会議に出席しないで済むように、最善を尽くしましょう。正直なところ、いくら努力しても、これがいつも可能とは限りません。そして、職場の状況などの理由から、まったく不可能だという人もいるでしょう。職場のさまざまな状況を考えてみる必要が生じてきます。会議の選別については、自分が思っている以上に甘くなっている人が多いのです。

たいていの人が出席したくない会議は、大まかに分けて2種類あります。まとまりがない会議と、自分の仕事に関係がない会議です。まとまりのない会議を改善する方法については、この章で検討します。あとで説明しますが、会議は整理することで改善できるのです。**自分の仕事に関係している会議は、続ける意義があります。きちんと整理して、潜在力を引き出せるようにすればいいのです。**

　学ぶことも、貢献できることもないとわかった会議については、出席をやめる方向で検討しましょう。出席しても、自分の理想のワークスタイルに近づくこともなく、同僚の仕事に役立つといった目的にも適いません。

　4章で登場した、エネルギー産業でマーケティングを担当しているトニーは、現在では、それぞれの会議の必要性や重要性などを考えて、出席するかどうか決めています。彼の同僚の多くは、1日中さまざまな会議に追いまくられ、仕事をする時間が足りないせいで、自分のプロジェクトを終わらせることができません。「かかった時間に見合うだけの価値がある会議は、おそらく10％程度」と彼は見積もっています。

　トニーは単刀直入なアプローチをとっています。チームの良き一員であるためには、会議へ出るかどうかよく考えて、必要がないと思えば丁寧に断るほうがいいのだと、体験から学んだのです。彼は会議を招集する立場ではなく、一般的な従業員ですが、出る価値のある会議かどうかを自分で判断しています。そして、自分の判断を、上司にも臆《おく》せず伝えます。「この会議に出席したら、株主の利益になる仕事をする時間を奪われることになります」と言うのです。

　たいていの会社では、会議をあまりにも高く評価しすぎているので、会議に出ないためにはさらに数ステップが必要です。会議を取捨選択する態度を明らかにするほどの自信もないし、そうする立場にもないという人々もいます。出席しないと同僚に言うのは気が引けるし、良策ではないと、あなたは感じるかもしれません。こんな会話を想像してみてください。「悪いけど、きみの会議は退屈だし、役に立たない。ぼくは出ないよ」。では、もし会議の招集者が上司なら、いったい、どうすればいいでしょう？

会議の大まかな目的や、当面の議題を教えてくれるように頼んではどうでしょうか？準備する必要があるから頼むのです。その結果として、自分の仕事に関係があると思えるかもしれません。ですが、それでもなお、内容が自分の仕事に役立つかどうか、自分が役に立てるかどうか疑問が残るようなら、さらにいくつかシンプルな問いを投げかけましょう。会議を実り多いものにするために尋ねるという姿勢ならば、主宰者側も気分を害したりしないはずです。

たとえば、こう尋ねます。**この会議を成功させるために、私はどんな貢献ができますか？　この会議のために、どんな準備をすればいいですか？　こうした質問をするのは、その会議でのあなたの役回りをはっきりさせるための、簡潔でリスクが低い方法です。**さらには、あなたの出席がどうしても必要かどうか、主宰者が判断する上で役立つかもしれません。

そうした努力にもかかわらず、もう打つ手がないと感じたら、申し訳ありませんがメンバーから外してもらえませんかと丁寧に頼みましょう。自分はその会議に出席するべきではないと、伝えるのです。研究によれば、関連する情報を持っていないとか、その問題について詳しくないといったような説明を加えることで、納得してもらえる可能性が広がります[4]。可能ならば、自分よりも適任だと思われる人物を推薦するのが有効です。もし、どうしてもその会議から解放してもらえないのなら、少なくとも一つ、その会議から学べる点を見つけましょう。

たくさん会議に出たからといって有能にはなれない

自分でも知らないうちに、会議の数を多くしてしまっていないかどうか、正直に考えてみましょう。会議の数が多すぎるのではないかと尋ねると、大半の人がイエスと答えます。ですが、もし会議への出席を求められなかったらどう感じるかと尋ねると、それは失礼な話だとか、過小評価された結果だと感じるという答えが返ってきます。

会議にたくさん出席するほど、重要人物であるという考えは捨てましょう。その会議は本当に必要ですか、あなたは本当に出席したいのですか？　出席を求められることが、あなたの価値とイコールだと思ってはいませんか？　あるいは、重要な会話を聞き損ね、決断の瞬間を逃してしまうのではないかと心配になりますか？　会議は、能力を発揮する数多くの方法の一つにすぎないことを忘れずに。あなたの目標は、だれよりもたくさんの会議に出席することではないはずです。

会議にもっとときめきを

会議への出席は、共同作業や方針決定、意見交換などのための空間に身を置くことです。その機会を大切にすれば、会議はときめきをもたらしてくれます。自分だけが利益を得ようとしてはいけません。まわりくどいスピーチを披露したり、他人の意見をことごとく拒絶したり、自分の考えを通すために同僚の意見を貶《おとし》めたりする場所ではありません。

ルール①　参加する

出席者が心ここにあらずで、やる気が感じられない会議、というのはよくあります。背筋を伸ばして、きちんと座り、前向きなエネルギーを発散させましょう。会議は、物思いにふけるための場所ではありません。

ルール② 準備する

事前に議題が知らされている場合、準備を忘れずに。準備するための時間が十分でないと感じるときには、出席する時間も十分でないはず。もう一度、自分に問いかけてみましょう。**この会議は本当に出席する価値があるのか？**

ルール③ 電子機器はしまっておこう

会議中にスマホをちらちら見ているのは、よくある光景です。これはマナー違反ですし、その会議を重要視していないというメッセージを周囲に送ってしまいます。電子機器類はいろいろな雑音の発生源でもあります。出席者が一人やり出すと、他の人々も追従して、集中した話し合いが不可能になります。集中した会議は、より短く、効果的で、楽しいものです。

ルール④ よく聴く、真剣に聴く！

会議の場では、出席者はたがいに学ぶべきです。ところが、自分がしゃべるのが好きな人が多いため、これはとても難しいのです。ある一連の研究で、人はお金を払ってまでも、もっとたくさんしゃべりたいのだという事実が発見されました。また、別の実験で、被験者たちの脳の画像を調べたところ、しゃべることは食事やセックスと同じ感情をもたらしているとわかりました。[5] つまり、会議でたちまち話が紛糾《ふんきゅう》したり、議題以外のところに広がってしまったりして、みんなが他人の話を聴こうとしないのは、じつは驚くまでもない状況なのです。

ルール⑤　発言する

独自の情報を持っていて、それを知ってもらいたいと思う場合があります。そうした新情報や、異なる視点を提示したり、論点がずれてしまった話を本筋に戻したりすることに尽力しましょう。また、批判的な意見が必要だと判断したなら、議論のための議論として意図的に反対意見を出すよう求めたり、企業内の反対派や投資家や顧客など、さまざまな人の立場に立って、異なる視点から検討するように求めたりしてみましょう。

有能なリーダーは無益な議論をだらだら続けるのを許さないでしょうが、出席者も、自分が発言すべき場面と他人の意見に耳を傾けるべき場面とをしっかり認識することが求められます。そのためのシンプルなルールがあります。自分にこう問いかけるのです。**自分はこの会議の目標へ近づくために役立つ新情報を提供できるだろうか？**　もし、答えがノーならば、他人の意見に耳を傾けるべきです。

ルール⑥　害をなすなかれ

私たちは責任ある大人です。他人を罵《ののし》ったり、発言を無理やり封じたり、自己アピールに徹したりでは、話し合いが正常に機能しません。92の会議を対象にしたある研究で、会議での態度の悪さは、良い態度が与える影響よりもはるかに大きいとわかりました[6]。ですから、少なくとも、暴言や中傷は会議に持ち込まないように。

最後のルール　他人の意見を認める

だれかの意見に対して、たちまちノーを突きつけずに、それを向上させることを考えましょう。「ノー、だけど……」ではなく「イエス、そして」と話を続けて、他人の意見を本能的に拒絶したりせず、それを基礎にして自分の意見を育てましょう。そうすれば、相手は気分を害しませんし、あなたも気分を害さずに相手を助けられます。

整理された会議を

あなたは、会議を開くことが多い管理職ですか？　それとも、この先もっとキャリアアップして、会議を主宰するような責任ある立場になりたいと思っているところでしょうか？　顧客相手に仕事をして、相手とのやりとりからもっと成果を得たいと思っているかもしれませんね。そのうちに、ある日上司から、留守中に代理で会議のまとめ役をしてくれと指示されるかもしれません。準備はできていますか？　あなたがどんな立場にいるにしろ、整然とした会議を進行することは、とても役に立つスキルです。

第一に、会議の目的をはっきりさせましょう。

もっと言えば、その会議は本当に必要ですか？　実際には、たんに情報を知らせるためだけの会議もあり、そうした目的のためにはもっと効率的なやり方があります。資料を配布したり、スライドを見せたりするだけで、済んでしまう場合もあるのです。**各人が都合のいいタイミングで情報をアップデートできるように手配して、会議は議論や意思決定のために使いましょう。**

定例の会議は、だれかが積極的にキャンセルしない限り、欠席者がいても会議はなくなりません。それならいっそ、重要案件が生じたときだけの不定期開催にしてはどうでしょうか？

第二に、出席者をよく考えましょう。

メールだと簡単に会議の招集ができるので、声をかけやすいのです。人数が多いほうが、会議に重要性が感じられるし、進行がスムーズになるように思えるので、できる限り多く集めたくなってしまいがちです。ですが、もし、会議への出席通知をいちいち手書きしなければならないのなら、そんなにたくさんの人に声をかけるでしょうか?

実際には、人数が増えれば会議がスムーズに進むどころか、時間が余計にかかります。**会議室を満席にするよりも、適任な人々を集めることのほうが重要**です——独自の情報を持っている人、実行力や判断力を持っている人が必要なのです。

第三に、通知には会議の目的を記しておきます。

そうすれば、出席する必要があるかどうか、各人が判断できます。出席する必要がない人に対しては、無条件で欠席を許しましょう。特定の人の参加が必須だと思われるのなら、それも知らせましょう。もし彼らがいなくても会議がちゃんと進むようならば、本当は、その人たちは必要なかったのです。

出席者が十分な準備ができるように、議題についてそれなりの詳細を書きます。たとえば、**どんな問題に関して、どんな選択肢について話し合うのかを提示し、事前に質問を考えてもらい、具体的なアイデアを持って出席してもらう**のです。

第四に、議論への参加をうながします。

人数を集めるのは貢献を期待しているからで、あなたが一人でしゃべっていては、みんなのやる気を奪うばかりです。会議の冒頭で、全員のアイデアを引き出すのが目的だとはっきりさせておきましょう——話にじっと耳を傾けて、賛成するために集まったのではありませんと。**リーダーがしゃべりすぎると、意思決定に時間がかかり、**[7]**生産性が低下し、**[8]

結局は下手な決定を招きかねません。[9]

出席者を順番に指名して意見を言わせてはいけません。そのかわりに、考え付いたことがあれば、遠慮なく議論に参加するようにとうながしましょう。自由でオープンな回答を求める質問をして、討論を生み出し、だれもが制約を感じずに話せる状況をつくるのです。たとえば、こんな質問を投げかけます。この問題を別の視点から見ると、どうなりますか？　現状では、どんな点を見落としているでしょうか？　顧客や、従業員や、他の関係者はどう感じるでしょうか？

とくに定例の会議の場合、議論に参加しない人がいたら、この次はなんらかの発言をするようにと伝えてみましょう。彼らはなにも言うことがないと感じているのでしょうか？もし、そうならば、それは彼らがその会議にどうしても必要な人物ではないからでは？彼らを解放してあげましょう。もし、下っ端だからといった理由で意見を発する自信がない人がいれば、あなたの意見が必要だから出席してもらっているのだと伝えましょう。

第五に、時間制限を決めておきましょう。

一般には、区切りがいいからという理由で30分や1時間の場合が多いようですが、合理的な裏付けはありません。そして、たとえ用件が済んでも、会議が予定より早く終わることはまずありません。数時間の予定ならば、数時間続きます。

開始から1時間過ぎると、席を立つ人が出てきます。予定された時間が長すぎると、緊急性が感じられないせいで、始まりから半ばくらいまで生産性が低い傾向があります。**時間を短く設定して、適度なプレッシャーをかけるようにすれば、創造性が発揮されます。**

会議の時間設定を、短すぎると感じない程度まで、15分単位で削ってみましょう。

長すぎる会議が出席者のエネルギーを奪う一方で、短い会議を頻繁に開くのもよくありません。たいていの人が短い会議への出席を拒みませんが、じつは、短くても、長い会議と同じように弊害があるのです。

まず、準備に時間がかかり、それが他の仕事にあてるべき時間を削ります。それどころか、ある研究では、会議に費やす時間の長さは、労働者の幸福感にほとんど影響がないとしています。重要なのは、会議に出席する回数だというのです。数多くの短い会議は、数少ない長い会議よりも、労働者のやる気をそぎ、疲労を蓄積させることがわかっています。また、**会議の回数を重ねても、生産性は向上しないという事実が判明しています。**[10] 関連する問題をひとまとめにして1回の会議で話し合うほうが、数回に分けて1週間かけて話し合うよりも、はるかに効率がいいのです。

昔ながらの会議机と椅子ではなく、「立席」の会議を開きましょう。立席形式は、より創造的なアイデアと協調をもたらします。[11]「着席」はテリトリーを象徴し、人々が自分の意見にこだわって、他人の意見に心を開かない傾向があります。対照的に、立っていると集中力が高まり、テリトリー意識が低下します。その上、立席会議は所要時間が短くなる傾向があるのです[12]。
最後に、会議には目的と議題だけでなく、内容をまとめた総括《そうかつ》もまた必要です。

　総括として、まず出席者への感謝を述べましょう。忙しい時間をやりくりしてその場へ集まってくれたのですから、まとめ役は出席者たちに心から感謝するべきです。また、総括は、出席者たちが自分の時間を有益に使ったと思える内容でなくてはなりません。たとえば、こんな内容です。どんな進展があったか？　何が障害になっていたのか？　何を解決したのか？　そして最後に、会議での決定事項について、内容に賛成でない者も含めて、それを支持して助力するかどうかを、全員に尋ねます。そうして公的に宣言することで、彼らが決定に従うことを確認しておけば、あとから裏で話し合って決定事項を覆《くつがえ》したり、その実行を妨害したりする可能性が低くなります。

　有益な議論が活発に交わされる会議をイメージしてください――そんな会議なら、きっとあなたも出席するのが楽しみになるはず。理想の会議は、重要プロジェクトを前進させ、これまでよりも早く終わります。会議を片づければ、それが実現可能になるのです。会議室で、みんながもっとときめきを感じられるように、あなたも力を貸してください！

Joy
at
Work

第9章
チームを片づける

スコット・ソネンシェイン

マルコスはまさに理想の仕事を手にしていました。大手のエネルギー企業で、北米全域のＩＴ機器の調達を監督するシニアアナリストとして働き、毎日、元気いっぱいに通勤していたのです。けれど、1年ほどすると、エネルギー産業は急速に下り坂に向かい、彼は職を失うはめになりました。マルコスは上司から最後通牒《つうちょう》を受けたのです。辞職するか、別のチームへ異動するか、どちらか選べと。

　当然ながら、彼は激しく動揺しました。チームを離れたくありませんでしたし、あらたに提案された仕事はひどく退屈なものに思えました――会社が毎月受け取る１万５０００件もの請求書を整理して、支払い処理をするという仕事でした。失業は避けたかったので、いやいやながら異動に応じて、請求書をチェックする仕事を始めました。「骨の折れる作業でした。すっかり意気消沈していました」と彼は振り返ります。

　着任するとすぐ、部署内の作業がひどく混乱しているのがわかりました。エラー率のパーセンテージが2桁にまで達していて、未払いや誤払いが頻発していたのです。15人からなるチームでしたが、リーダーは決められていませんでした。

そこで、マルコスは立ち上がりました。彼は、大企業の中で最悪の仕事を与えられました。そんな逆境に置かれて、肩書なしでリーダーになれるかどうか、やってみようではないか、と発奮したのです。まずは、全員が仕事をスムーズに進められるように、請求書処理のミスを訂正する「頼りになる人物」の役割を担いました。さらに、チームのみんなに的確な助言をしました。

　やがて、彼の努力は大きく実を結びました。チームは結束し、みんなが仕事にやりがいを感じるようになったのです。その結果、エラー率はわずか数％にまで低下しました。彼らのチームは、質の高い仕事をすることで評判になりました。間もなく、実績が認められたマルコスは、より重要なポストであるサプライチェーン分析へ異動を命じられました。そして、会社は彼のあと釜《がま》となった人物に、マルコスには与えなかったチームリーダーの肩書を与えました。

　マルコスは異動後も、請求書チームの人たちと連絡を取っていました。ほんの数ヶ月で、新リーダーはマルコスが変革したやり方を元に戻してしまいました。チームの面々はやる気も結束も失いました。１年も経たずに新リーダーは異動になり、マルコスはチームに戻ってほしいと上司から打診されました。

　マルコスはまたしても好きな仕事から離れて、骨の折れる単純作業のチームへ戻りました。しかも、今回もリーダーとしての役職は与えられず、昇給もありませんでした。それは残念でしたが、彼は与えられた大変な役目を立派に果たそうと、強い意欲を心に秘めていました。

この2回目のチャレンジにあたって、彼には大きな目標がありました。**リーダーの肩書はなくても、なんとかしてこのチームを立て直し、しっかり機能するようにしたい**と考えていたのです。そして、だれもが理想とするリーダー像を現実化して、チームの「片づけ」に着手したのです。

問題は、チームがあまりに大きすぎ、非効率的で、従業員たちが働く喜びを感じていないことでした。そこでマルコスは、当時10％だったエラー率を3％にまで低下させ、同時に、チームの規模を縮小する、という意欲的な目標を設定しました。なんとしてもチームの効率性を高めて、この先、3回目の招集を受けないようにしたいと思っていました。「自分の仕事を自動化しようと考えたのです。チームのみんなはそれをわかってくれました」と彼は誇らしげに語りました。

まず、5人分の働きをするPCプログラムをつくって、チームの人数を半分以下に減らしました。それから、人員の配置を見直しました。単調な請求書処理から会議のまとめ役になった人。自分のスキルを活かせる別のチームへ異動した人。マルコスの努力のおかげで、会社は経費を節減でき、従業員たちはそれぞれに、ときめきを感じられる仕事をするようになったのです。マルコスはみんなを助け、彼らから「とても満足している」と言われることで達成感を得られました。

チームの息がぴったりだと、仕事に活力が生まれ生産性が向上します。メンバーの一人ひとりがプライドを持って、力を発揮します。ところが、足並みが乱れていれば、時間が浪費され、ストレスが積み重なります。準備なしに出勤することや、自分の考えを言葉にして伝えないことは避けるべきでしょう。

たいていの場合、**自分が属するチームがときめきにあふれていなければ、楽しい職場を実現するのは難しい**でしょう。マルコスは正式な肩書こそ持たなかったものの、チームを変化させる機会をつかみました。**彼は非効率で退屈な職場を整理整頓して、より楽しく、質の高い仕事をする職場へと一新させた**のです。リーダーの肩書がなくても、働く場をときめく場所にするために、できることがあるのです。

理想のチームをイメージする

たぶん、あなたはこれまでに、2種類のチームに出合ったことがあるでしょう。

〈プライマリーワークチーム〉は恒常的なもので、部署や組織内の必要に即しています。

たとえば、看護師からなる看護部や、兵士からなる大隊や、各部署から集められた部門横断型の経営グループなどが含まれます。その一方で、〈プロジェクトチーム〉は、特定の問題を解決したり新商品を開発したり、顧客の求めに応じたり、なんらかの決定を検討したりするために、一時的につくられます。いずれのチームも、参加者が協力して異なる視点から物事を検討し、アイデアを生み出し、それを実践します。

　あなたにとって理想のチームはどんなものか、イメージしてみましょう。それは、どんなチームですか？　積極的に影響を与えあって、人間関係を築くチームですか？　それとも、やるべきことにすばやく取り組む「ビジネスオンリー」のチームでしょうか？　それとも、連れ立って外出するような、仕事を超えて交流する余裕のあるチームでしょうか？

　あるいは、あなたに全力を発揮する機会をくれるチームですか？　あなたを助け、激励し、成長させてくれるチームですか？　あなたにとって正解だと感じられるならば、正しい答えも間違った答えもありません。

チームをカテゴリーに分ける

決断や会議を片づけたときと同じように、あなたのチームをすべて、目の前に積み重ねてみましょう。あなたのプライマリーワークチームとプロジェクトチームすべてについて、インデックスカードや付箋（あるいはスプレッドシート）の上部に、各チームの名前を記します。

では、各チームについて、内容をたしかめましょう。「○○タスクチーム」や「問題解決チーム」といった名前が並んでいます。ですが、それらのチームの具体的な目的はなんでしょう？　**目的とは、仕事に価値を見出すための信念です。目的は、私たちをより大きなゴールへ向かわせ、努力に意味をもたらす手助けをします。**目的がなければ、チームは明確な存在意義を失って、タスクからタスクへとさまよい、たちまち混乱してしまいます。

チームのリーダーは、目的の概略を示す必要があります――あなたがリーダーならば、さあ取りかかりましょう！　チーム内の人たちは、その目的を実現するために時間を費やし、努力するのですから、それが決して無駄にはならないと感じたがっているはずです。たんに「成長するため」とか「問題を解決する」とか「プロセスを改善する」では曖昧すぎます。やる気を刺激することもできません。**もっとも確実な方法は、チームの仕事を、だれかを助けることに結び付けること**です。

マルコスの請求書確認チームが根気のいる作業を続けた目的は、たんにミスを訂正することではありませんでした。チームにとっての使命は、正確かつ迅速に支払い処理をすることによって、会社との一体感を築くことでした。また、たとえば商品開発チームにとっては、商品を売り出すだけでなく、顧客に喜びとより良い暮らしをもたらすのが最高の成果と言えるでしょう。

ある病院の清掃員たちを対象にした、興味深い研究があります。[1] 清掃員は病室や病院内のパブリックスペースの掃除を担っています。汚い作業も避けられないことなどから、一般にあまり楽しい仕事とは言えません。ですが、ある清掃チームは活気があり、清掃員たちは自分の仕事を愛していました。その秘密はいったいなんでしょうか? 自分たちはたんに掃除をしているのではなく、患者たちのためになる重要なケアをしているのだと、彼らは考えていました。苦しい治療を受けている人たちに、過ごしやすい環境を提供するだけでなく、泣いている人にはティッシュを、吐き気に苦しむ人にはコップの水を手渡すなどして、患者たちが少しでも気分よく過ごせるようにつとめました。

それでは、カードや付箋に、あなたが所属しているチームの目的を書きましょう。自分にこう問いかけるのです。**会社のビジョンのために、私たちのチームはどんな貢献をしているか? 役に立つ情報やアイデアを生み出しているか? チームの目的のために、自分は個人としてどんな役割を担っているのか?**

これらの質問に答えるのは難しいですか? それなら、チームの目的についてどんな考えを持っているか、他のメンバーと話し合ってみましょう。それでもまだ難しければ、そのチームは存在する理由がないのかもしれません。かつて掲げていた目的をすでに達成した、というチームもあるかもしれません。

チームを評価する

では、書き出したカードを１枚ずつ手に取って、簡単に答えられると思うものから順番に検討しましょう。たいていの場合、深くかかわっていないチームから始めて、プライマリーワークチームで終わるという順番になります。チームごとに、次の質問を考えましょう。

このチームは仕事のために必要か？

転職しない限り、プライマリーワークチームにとどまる必要があります。他のチームを維持しなければならない理由は、あなたの仕事に必要な情報を提供してくれる、あなたのインプットが必要、たんに上司の要望などです。

このチームは自分が理想のワークスタイルに近づくのを助けてくれるか？

あなたが求めるときめく未来のために、スキルや人脈を与えてくれるかもしれません。

このチームはときめきをもたらすか？

たとえば、自分が属しているチームの目的のために働くことに、あなたはときめきを感じていますか？

評価する際の前提として、ときにどれほどいやな感情を抱くことがあっても、一般にチームにはなんらかの価値がある、という事実を忘れずにいましょう。たとえば、チーム内でどんなことを学べますか？　親しい間柄で、話すと楽しいのはだれですか？　チームの価値を高めるために、あなたはどんな仕事をしていますか？

では、チームを二つの種類に分けましょう。あなたが満足しているチームと、改善が必要なチームです。たいていの人はプライマリーワークチームに多くの時間を費やすので、ここにときめきを感じられるなら、それはすばらしいことです。また、特定のプロジェクトチームがときめきをもたらすのなら、そのチームのいったい何が、あなたにとって魅力なのでしょうか？　**ときめきの源を知ることは、あなた自身をもっと知り、仕事に何を求めているかを知ることにつながります。**

仕事にときめきを感じられない場合、それを捨ててしまう秘訣を伝授したいところですが、大多数の人にとって、仕事を捨てるなんて現実的ではありません。実現可能な方法は、そのチームを改善することです――ときめきを増やし、ストレスを減らすのです。私のアドバイスは、良いチームをさらに良くするのにも有効です。どうぞ心に留めておいてください、あなたの肩書に関係なく、チームをもっと良くするためのシンプルな方法はいくつもあるのです。

チームを混乱させない

まるでやる気のない人が一人でもいると、みんながばらばらになって、楽しかったチームがたちまち機能しなくなります。怠《なま》けている人や、準備してこない人のために、自分がよぶんに働いて尻ぬぐいをしたい、と思う人はまずいません。「ただ乗り」はチーム内の雰囲気を悪くします。「あの人はだらだらしているのに、なんで私が必死に働かなくちゃいけないの？」と思うのがふつうです。こうした空気が広まると、チームは混乱してしまいます。たがいに非難したり、責任逃れをしたり、そのあげく仕事の準備がおろそかになったり、きちんと仕事をしなくなったり。そうした状況のしわ寄せを受けて過剰労働を強いられる人は、憤慨《ふんがい》し、燃え尽きます。

じつは、人がチームについていけなくなるのには、いろいろな理由があり、怠け心や責任感の欠如《けつじょ》だけでは片づけられません。たとえば、他人のほうが自分よりも賢くて、知識や経験も豊富に思えるからという理由で、チームへの貢献に二の足を踏んだことはありませんか？　自信が持てないと、本当なら自分なりの貢献ができるはずなのに、機を逸してしまいがちです。ところが、チーム内でもっとも経験の浅い者が難問を解決できた、というのはよくある話なのです。

　なんの貢献もできないから傍観していようと、決めこんでしまってはいけません――あなたが仕事に集中していない、やる気がないと、みんなが感じてしまいかねません。**一人ひとりが（もちろん、あなた自身も含めて！）重要な貢献をしていることを、たがいに認め合うことによって、自信を築く手助けをしましょう。**あなたにとって、チームにとって、企業内のだれかにとって、顧客にとって、どんなことができるのか、具体的に考えてみましょう。

意見の不一致が混乱を招くとは限らない

　周囲の人たちが自分の意見に賛成してくれると、心穏やかに過ごせます。とはいえ残念ながら、異なる意見がないと十分な分析や検討ができず、有益な議論ができなくなるのです。反対意見を口にするのを恐れるせいでチームが結果を出せなければ、本末転倒でしょう。これは「集団思考」と呼ばれる状態で、こういうチームは成果があがりません。**最良の結果をもたらすためには、異なる視点から、たがいに遠慮なく話し合える状態が必要**なのです。

研究によれば、どんなチームであれ、人はみんなが共通して知っていることに焦点をあてがちです[2]。たとえば、顧客の好みや、先行するプロジェクト、企業経営の典型的な手法などが、まさにそれです。たしかに、私たちは共通認識を語りがちですが、一人ひとりはまた、それぞれに異なる知識も持ち合わせているのです。効果的なチームであるためには、見過ごされがちな個人が発信する情報が役に立つことが多いのです[3]。要するに、チームの一人ひとりが、独自の経験やアイデア、背景を仕事に活かしてこそ、それぞれの役割を果たせるのです。

もし、チーム内で、あまりにも異論が出ないと感じたら、だれかにわざと異を唱える役割を振りましょう。その役割を割り振られた人は、他のメンバーたちのアイデアに積極的に反論して、見逃していた視点を指摘します。ただし、この役割を、自分以外の人にもやってもらうことを忘れずに。この手法はあらたな視点を与えてくれますが、いつも懐疑的でなければならないのは楽しくありません。

それでもまだ、異なるアイデアがなかなか出ない場合、ブレインストーミングを採用することが多いでしょうが、それはやめておきましょう。ブレインストーミングで得られたアイデアは、期待外れのことが多いのです。なぜなら、このやり方は、アイデアの「発表」と「評価」との組み合わせだからです。アイデアを発表し、それをじっくり育てるには、ある程度ゆっくり時間をかける必要がありますが、ブレインストーミングの場では、アイデアを育てる以前にさっさと退けられてしまうことが多いのです。発表されたアイデアが目の前で次々に否定されるのを見ると、当然ながら、口をつぐんでしまう人もいます。自分の意見に対するコメントが、個人攻撃のように感じられたりもします。

そこで、ブレインストーミングの代わりに、「ブレインライティング」[4]を採用してみましょう。グループ内でアイデアを書いて、提案するのです。ブレインストーミングと同程度の恩恵が得られ、人前で批判の嵐に曝《さら》される危険のない方法です。やり方はとてもシンプル。まず、カードや付箋にそれぞれのアイデアを書いてもらいます。15分間ほどで全員が記入したら、一人が回収し、似ている内容のカードをグループ分けします。その後、各アイデアを無記名で発表し、全員で検討します。

大きなチームには「散らかり」が多いもの

大きなチームには、大きな混乱が生じることがあります。研究によれば、チームの規模が大きくなるほど、成果への満足度は低くなります。人数が多ければ、意見の相違が生じ、チームに混乱が多くなり、まとまりがなくなります。また、多人数の中では、個人が目立つことは難しく、自分の仕事の成果を見ることも難しくなります。

また、大きなチームはほぼ例外なく、動きが遅くなります。意見を一致させるには時間がかかりますし、まるで不可能な場合さえあります。〈アマゾン〉CEOのジェフ・ベゾスは、「ピザ2枚のルール」を守っているそうです――チームの人数は、ピザ2枚で全員が空腹を満たせる数を超えてはならないというルールです。じつは、ベゾスのこの経験則は、研究によって裏付けられています。**アイデアを生み出したり、判断をくだしたり、創造力を発揮したりするのに最適な人数は4人から6人であり、9人以上では効果的な働きをするには限界ぎりぎりとされています**[5]**。**

チームの人数を決めるのはリーダーでしょうが、大きなチームが不利益になると知っておくことは、みんなのためでもあります。**チームが大きすぎると思ったら、少人数のワーキンググループに分かれることを提案しましょう。**ただし、頭の固い人にこのやり方を推奨するときは、どうぞ慎重に。そして、あなたが責任者になったときには、小さなチームを目指しましょう。

近藤麻理恵の
ミニコラム

こんまり流　ときめく社風のつくり方

私は日本とアメリカで会社を持っているのですが、私たちの会社では「仕事でときめくこと」を大切にしています。そのために、「メンバーの一人ひとりが、どういうとき、何をすることにときめくか」を知った上で、仕事の役割分担をしています。

たとえば、秘書のケイさんは、タスクをエクセルで管理しながら次々とこなしていくとき、ときめきを感じるタイプ。すぐに対応してほしいこまごまとした仕事も、彼女はあっという間に対応してくれるので、そういった仕事はケイさんに依頼しています。仕事をすればするほど元気になるタイプ。

ソーシャルメディア担当のジョセリンさんは、ソーシャル・インパクトをつくることに強い関心があります。そのため、彼女と話すときは、どれくらいフォロワーが増えたかというよりも、ソーシャルメディアを通じて、どう社会に影響を与えているのか、私たちがやっていることはどう世界を良くしているのかを常に話し合うようにしています。

アンドレアさんは、お客様を喜ばせることが好き。だから、お客様とやりとりをする仕事は彼女にお願いしています。そして、1週間に一度「Wow Moment」という社内会議で、彼女がその週、お客様にどんなおもてなしをしたのかを発表する場をつくり、仕事へのモチベーションを上げる仕組みをつくっています。

そしてCEOである夫は、人と関わったり、それぞれの強みを活かして働ける環境をつくることにときめきを感じます。現在彼は、チームをまとめるマネジメントの仕事と、私のプロデュースを役割として担っているのですが、それは彼にとって天職なのです。

楽しく、かつ生産性高く仕事をするためには、まずは自分が何にときめくかを知ること。そしてチームのメンバーと共有し、何にときめくかをおたがいに知ることが大切です。

チームは全員のときめきの源泉になる可能性がありますが、そんな期待を叶えられない場合がよくあります。**チームの成功の鍵は、肩書や年齢や地位にかかわらず、全員が持っていることを忘れずに。**そして、チームが成功すれば、仕事でときめくという恩恵を得られるのです。全力を尽くしてチームの混乱を片づければ、あなた自身だけでなく、チーム全員にも、ときめきをもたらせるはずです。

Joy at Work

第10章 片づけの魔法をシェアする

スコット・ソネンシェイン

オフィスの共有スペースが散らかっているのに、どうして自分の机だけをきれいにしておく必要があるのかと、あなたは不思議に思うかもしれませんね。スケジュールはすぐにまたぎっしり詰まってしまうから、片づけても仕方がないと思うかもしれません。それに、職場の人たちはなんでもメールでやりとりしているのだから、どれほど整理整頓が好きでも、受信フォルダをきれいに保つなんて無理だ、と。

大切なのは、こういうことです。仕事の片づけからあなたが得られるのは、きれいなデスクや、スケジュール表や、受信フォルダだけではありません。自分のワークスタイルを自分でコントロールする力を、多少なりとも取り戻せるのです。では、次は何をしますか？

片づけの魔法をシェアしましょう！

力のある地位になければ何も変えられないと、私たちは思いがちです。職場で直面するさまざまな混乱状態はトップのせいだと、すぐに批判します――たしかに、ボスにもかなりの責任があるでしょう。だからといって、手をこまねいて眺めているだけではなく、事態をより良くするために、自分のできることをやってみましょう。
小さな行動でも、驚くほど大きな変化をもたらす可能性があります。自分は取るに足らない存在だから、何も変えられないに決まっている、なんて考えてはいけません。あなたは重要な存在です！　現実をしっかり見つめましょう。企業文化は一朝一夕には変わりません。ですが、片づけから生まれるときめきを広げて、一歩ずつ着実に進むのです。

片づけの手本になろう

以前、私のオフィスはとんでもなく散らかっていました。大学教授という仕事を考慮に入れても、多すぎる本。その大半は、何年も埃《ほこり》をかぶっていました。視界を遮《さえぎ》るほど、うずたかく積まれた研究論文。デスクの引き出しは、まるで乱雑なコンビニ——賞味期限切れのスナック菓子に、パッケージに入ったまま古くなった文房具。用途のわからない鍵は、今でもまだ、どこを開けるためのものか判明していません。

第1作の『ストレッチ　少ないリソースで思わぬ成果を出す方法』が出版されるまで、私は片づけにあまり関心がありませんでした。その後、多くの人から、この本には「こんまりメソッド」に通じるものがあるのではと問いかけられました。そうした反響に、最初はとても戸惑いました。手持ちのリソースを最大限に活用すれば、創造性や労働効率性を育むことができ、最終的にはより良い生活を送れる、この主張はしっかりした証拠に基づいており、私はそう確信していました。近藤麻理恵さんが高い評価を得ている作家で、片づけの専門家であることは知っていましたが、家を片づける方法と、仕事で成功し、満足を得るための方法とを、どうしたら関連付けられるというのでしょうか？

２０１７年に『ウェル＋グッド』誌が、〈わくわくする本トップ10冊〉の１冊に拙書『ストレッチ』を選び、「こんまりメソッドのネクストレベル」と評してくれました。強く興味をそそられた私は、なかば疑いながらも、自分のオフィスを実験台に、こんまりメソッドの片づけを実践しました。すると、力強い変化を身をもって体験できて、これはたんなる整理整頓を超越した行動であり、むしろ自己発見のプロセスなのだと認識しました。

きれいに片づいた空間には注目が集まり、周囲の人たちも片づけに関心を持つようになります。**こんまりメソッドの片づけは、自分自身についての「学び」であり、それによって、望んだ人生へ近づく道につながる**のです。

私のオフィスがきれいに片づいたのを見て、同僚たちはひどく驚きました。「いったい、どうしたの？　すっかり、見違えたね！」と彼らは口々に感嘆《かんたん》しました。彼らもまた、自分の愛するモノたちに囲まれて快適に暮らしたかったのです。自室の変化を披露することから始めて、彼らにも仕事のいろいろな側面を片づけてもらいたいと、私は大きな野望を抱きました。

あなたも、周りの人たちのために手助けができます。**他人に片づけを強要することはできませんが、自分が成し遂げた成果をシェアして、意欲をかきたてることは可能**です。自分のオフィスに同僚を招きましょう。メールやスケジュール表の管理法について語りましょう。スマホやPCのきれいに片づいた画面を自慢しましょう。決断の数が多すぎて忙しくなるのを、どうやって防いでいるのか教えましょう。質の高い人脈づくりを続けていれば、周囲の人々もそれに倣《なら》います。会議の議題や優先事項をあらかじめ伝える理由や、そのやり方を説明しましょう。

できるなら、さらに一歩進めましょう。上司に「片づけの日」をつくることを提案して、全員で職場の環境を一新するのはいかがでしょう。会議については、週に1日だけ、どうしても必要な場合以外は会議をしない日と決めて、必要な会議でも時間を短くすることを提案します。そうして得られた時間は、ときめく活動のために使いましょう。

毎日1時間だけ、全員を社内メールから解放してみてはどうでしょうか。そうすれば、作業を頻繁に邪魔されずに済みます。そして、仕事の片づけを進めるために助け合うコミュニティをつくって、あらたなやり方を工夫し、たがいを励ましあいましょう。

職場への気配りを示す

職場で、床にだれかの書類が1枚落ちていたが、拾いもせずに通りすぎた、というのはよくある話です。休憩室に汚れた皿が放置されていても、そのままにしておくこともあるのでは？　会議室へ入ってみたら、ホワイトボードが使いっぱなしで、消されていなかったことは？　こうした例は、一つひとつはたいした問題ではありません。ですが、気配りが欠けていることを示しています。

小さな散らかりが積もり積もって、大きな混乱になります。職場の散らかっている共有スペースと、片づいている共有スペースとを比較した研究があります。それによれば、ほんの短期間で、散らかっているスペースのほうが片づいているスペースよりも、3倍も散らかり度合いがひどくなる、[1]という結果が出ました。**いったん散らかり始めると、状況がまたたくまに悪化する**のです。仕事の片づけにはさまざまな種類がありますが、なんであれ同じ結果が起こります。たとえば、会議に人を集めすぎたり、メールをあまりにもたくさん送りすぎたり。いったんそうなると、たちまち、職場のみんなが散らかりをどんどん悪化させていきます。

私の父親はモーテルを経営していました。子供の頃、夏になると数日間、父の仕事場へついていきました。モーテルの中を見回りながら、父はいつも落ちているごみを拾っていました。従業員が大勢いるのに、どうしてボスがごみを拾う必要があるの、と私は尋ねました。「きれいに保つように気配りするのはみんなの仕事だよ、従業員もボスも」と父は穏やかな口調で答えました。それ以来ずっと、「みんなの仕事」という父の教えを忘れたことはありません。

職場の管理人としてふるまわなければと、自分に過度のプレッシャーを与えないように。そんな必要はありません。その代わり、自分にこう問いかけてください。**職場への気配りを示せる小さな行動として、何ができるだろうか？**　たとえば、ときどき休憩室で洗い物をする、そんなささいなことで十分なのです。もし、会議が散らかったら——話が脱線したり、支持政党の違いのせいで対立したりしたら——話を本筋に戻すために、あなたはどんな発言ができますか？　メールのやりとりが混乱したら、どうしますか？

同僚を大切にする

片づけを通じて、あなたはモノを大切にすることがどれほど重要かを学びましたね。あなたがともに働いている人たちは、さらに大切な存在なのです。残念ながら、私たちは同僚のありがたみを忘れがちです（彼らもまた、私たちのありがたみを忘れがちです）。周囲の人たちの働きぶりや、努力、職場環境への貢献が、私たちが仕事を首尾よくやりとげたり、働き甲斐を感じたりする際に、とても重要であることは疑いの余地がありません。ところが、出世を競ったり、議論したり対立したりしていると、相手が尊重すべき人であることを忘れがちです。相手を思いやり、尊重すれば、きっと相手も同じ態度であなたに接してくれるはず。おたがいにより幸せになれます。

あなたは同僚を大切にしていますか？　次の五つの質問に答えてみてください。あなたは、どれくらいあてはまりますか？　答えは、１：絶対にそうしない、２：ごくたまにそうする、３：ときどき、４：頻繁に、５：いつも、の5段階です。自分があてはまると思う数字を書いてください。

——同僚に「ありがとう」と感謝を伝えていますか？

——同僚が重要な貢献をしてくれていると認めていますか？

——同僚が一人でいる時間を尊重し、そのために配慮していますか？

——同僚を信用していますか？

——尊重に値する人間として、同僚と接していますか？

答えの数字を合計して、もしそれが20以下なら、努力する余地があります。相手の存在価値を認め、話を聴き、誠意をもって語りかけ、敬意をもって接しましょう。人と接するとき、権力や地位、富や名声など、相手の属性しだいで態度を変えるべきではありません。**感謝の心を抱くこと、それこそが片づけの極意**なのです。それを実践することで、だれもが尊重しあえる環境を築いていきましょう。

感謝の心は、会社が提供する福利厚生とは違います。シリコンバレーのスタートアップ企業で働いていたとき、会社が朝食と夕食を無償で提供していました。最初のうち私は、それは、朝早くから夜遅くまで働く社員たちに、会社が感謝を示しているのだと思いました。そして、今晩のメニューはなんだろうと楽しみにしていました。ですが、そのうちに、それが社員を長時間働かせるための手段の一つなのだとわかったのです。夕食が待っていると思うと、つい残業が長引いて自分の時間が奪われ、しまいには睡眠時間まで削られるようになったのです。

自分は評価されていないという嘆きを、よく耳にします。彼らが求めているのは、食事や会社のロゴ入りノベルティグッズではありません――仕事に対する評価なのです。よくやったと評価されたいし、褒めてほしいのです。家族との時間を犠牲にしてまで、懸命に働いたと認めてもらいたいのです。あなたがトップの地位にあっても、チーム内の一番の下っ端でも、周囲の人たちの貢献に心から感謝しましょう。

２０００人のアメリカ人を対象にした最近の研究によれば、謝意を示すことが同僚に幸福感や充足感をもたらすと、大半の人々が信じています。[2] それなのに、同じ研究によれば、ある１日のうち、一度でも同僚に「ありがとう」と言ったと答えた人は10％にすぎませんでした。ありがとうと一言口に出して感謝すれば、ときめきを感じる源泉になったかもしれない機会を、多くの人が惜《お》しくも逃してしまったということです。さらに、研究によれば、**感謝された人は仕事にいっそう熱心に取り組み、同僚を助ける意欲を持つ可能性が高い**そうです。[3]

心からの感謝を伝えるには、時間もコストもかかりません。従業員１５０人規模の、オーダーＴシャツなどを売る会社で、こんな取り組みをしています。謝意を示すときに「ＷＯＷ！」を使うのです。ささいな成果（顧客が喜ぶ、ちょっとしたおもてなしをした）から大きな成功（大きなプロジェクトを完了した）にいたるまで、おたがいに「ＷＯＷ！」を送るのです。つまり、「すごい！」と言葉で伝えて相手を褒めるのです。一番大切なのは、「ＷＯＷ！」を伝える対象を、注意深く見逃さないことです。そして、機会を逃さず、真心込めて伝えるのです。

もし、あなたの職場に、感謝を示す方法が存在しないのなら、つくってみましょう。毎日いろいろな人がさまざまな形で貢献しているのに、せわしない日常の中では見過ごされがちです。ちょっとひと息入れて、周囲を見回してみましょう。何が見えますか？　最近、同僚に感謝の言葉を伝えましたか？　会議を終えたら、参加者たちに今日はありがとうと感謝し、彼らの発言がなぜ重要なのか、具体的に伝えましょう。プロジェクトに貢献した人には、みんなの前でそれを認めて、褒めましょう。

仕事の片づけを終えたら、自分の体験を同僚たちに語って、職場をときめきで満たしましょう。片づけ方を学びたいという人には、教えてあげましょう。あなたの仕事や人生が、片づけることでどれほど変わったかを伝えましょう——きっと、彼らも自分を変えたいと思うはずです。

さて、このあとの章では、あなたの仕事をもっとときめくものにするために、近藤さんが最後の秘訣を教えてくれます。小さな変化が、人生にどれほど大きな影響をもたらすか、それを彼女が語ってくれます。

Joy at Work

第11章
もっと仕事で“ときめく”ためには

近藤麻理恵

会社員時代、**私がオフィスに出社してまずしていたことは、デスクの掃除でした。**
自分のデスクに着いて荷物を置いたら、引き出しからお気に入りのガーゼのふきんを取り出して机の上をサッと拭きます。そのままラップトップ、キーボード、マウスを拭きながら「今日もいい仕事ができますように」と思いを込めます。電話も「いつも素敵な案件を連れてきてくれてありがとう」と気持ちを込めながらフキフキ。

月曜日には、週に一度の大掃除。床にしゃがみこんで机の下にもぐり込み、椅子の足やデスクの下の配線もキレイに磨いていました。

こうやって文字で書くとなんだかたいそうなことのようですが、**かかる時間は1分以内。これだけで、デスク周りは他の場所と切り離されたようにスッキリし、空気感が軽くなって、仕事にとりかかるのが楽になる**のです。また掃除をしている間は手元だけに集中し心が無になるので、私にとっては仕事前のちょっとした瞑想であり、仕事モードに切り替わるための儀式でもありました。

そして、この日課を続けるようになったら、みるみるうちに営業獲得件数や売上げ金額などの成績が良くなりました。……なんて話をすると、なんだかちょっとアヤシイ話のように思われてしまうかもしれませんが、実際、四半期ごとに開催されている営業成績の表彰の場で名前を呼んでもらえるような機会が増えたのは事実です。

そしてこれは私だけのことではなく、**〝仕事前のサッと掃除〟をおすすめして実践してくださったお客様からは「企画が通りやすくなりました」「私も売上げが上がるようになりました」という報告をたくさんいただくようになり、身のまわりのモノを大切に扱うことで仕事がうまく回り出した、という話は数えきれないほどある**のです。

残したモノを大切にすると、仕事がうまく回り出す

どうしてこのような変化が起きるのでしょうか。自分なりに考えてみたところ、こんな理由が思い浮かびました。

まず、サッと掃除をするためには、そもそもデスク自体が片づいた状態であることが前提なので、モノを探す時間がなくなったり、書類をしまう場所に迷わなくなったりして、仕事全体の効率が良くなっているのは要因としてあると思います。

また単純に、スッキリ掃除された場所にいたら気分がいいですよね。前向きな気持ちになれて、仕事のアイデアやインスピレーションもどんどん湧くのかもしれません。

なにより「今日もいい仕事ができるのは、このデスクのおかげだなぁ」と、周りのモノに感謝しながら働いていると、その人から発せられる空気も変わってくる。それが、お客様や会社の同僚と接するときの態度や行動に表れ、仕事の結果にもつながるのではないでしょうか。

モノを大切に扱うと、必ずモノは私たちによいエネルギーを返してくれる。そして、大切に扱われているモノがある場所は、まるでパワースポットのように私たちを癒したり、元気付けたりしてくれる。そのことは、これまでの片づけの経験を通して私が確信していることの一つですが、それはおうちだけでなく、ワークスペースでも同じなのです。

ワークスペースをパワースポットのようにエネルギーの高い状態にするには、まずはキレイな状態に保つのは必須。**お気に入りのふきんや、好きな香りのウェットシートを見つけたりして、掃除をする習慣をつけることが個人的にはオススメです。**

そして、ふだん使っているモノに対しての感謝も忘れずに。使ったペンを定位置に戻すときに「今日も活躍してくれてありがとう」、仕事を始める前には「今日も気持ちよく仕事ができることに感謝します」という風に、毎日感謝の気持ちを自然に持てている状態が理想ですが、難しければ気がついたときに実践するだけでもOKです。

とあるお客様で、いつも使っているデスクトップのパソコンのディスプレイの枠部分に細いマスキングテープを貼って「いつもありがとう」と書き込み、道具への感謝を忘れないようにしている方がいましたが、とても素敵だなと思いました。

あなたも自分のワークスペースを、パワースポットのような場所にしませんか？　身のまわりのモノを大切に扱うことの効果は、計り知れません。

ワークスペースをもっとときめかせるために

「片づけと考えるのではなく、インテリアづくりと思えばいいのよ」

これは、ある知り合いの方が片づけに躊躇していたとき、お母様に言われた言葉です。

私はこの言葉を聞いたとき、とても素敵な言葉だなと思いました。

「片づけなければ！」と思うと、やらなければならないタスクのように感じてしまう。でも、自分にとって心地いいワークスペースをつくるためだと思えば、楽しい気持ちで向き合うことができますよね。

だからデスクを片づけるときも、「仕事場の片づけ」というよりも、「ときめいて仕事をするためのインテリアづくり」という心持ちで取り組んでいけばいいのです。

実際、基本の片づけが終わったあとのワークスペースを彩《いろど》る作業は、楽しいインテリアづくりそのもの。「自分の理想の働き方」を思い浮かべながら、ワークスペースをもっと心躍る空間にするために何ができるか、いろいろ考えてみましょう。

たとえば、**毎日使うペンやペン立て、ハサミやテープなど、仕事で必要なものをお気に入りのものにしていく**こと。ふだん、ノベルティでもらったペンしか使っていなかったことに片づけをして初めて気がつくお客様も多いのですが、今こそときめくアイテムに変えていくチャンスです。もちろん、一気にすべてのものを素敵なモノに変えることができたら理想ですが、ここは焦らず進めるのが正解。**ササッと適当なモノを買うより、今度こそ見るだけで触れるだけでワクワクするようなアイテムをじっくり探してみる**のをオススメします。

そして、**仕事で役に立つわけではないけれど、ときめきをプラスしてくれるものを飾っていく**こと。これを私は「ときめきプラス」と呼んでいるのですが、お気に入りの写真やポストカード、お花など、あなたの気持ちが上がるモノならなんでもＯＫです。

ちなみに私は、デスクにクリスタルを飾っています。見た目もキラキラしていてキレイですし、置くことによって空間を浄化しインスピレーションが湧いてくるような気がするので、とても気に入っています。

少し変わった例だと、ある経営者の方がデスクに飾るように置いていた、黒いケースに入った歯ブラシセット。これまでの片づけ経験の中でいろんなモノを見慣れていた私でも、さすがに不思議に思って聞いてみたところ、「デスクにいても歯磨き中なら他の人が話しかけてこないし、考え事に集中できるから便利なんだよ」とのことでした。もはや仕事中に歯ブラシセットが目に入るだけで、安心感とときめき感が感じられるのだとか。

この場合、社員さん2名の小さな組織で、かつ、社長さんの椅子のすぐ後ろに洗面所があるという特殊なつくりのオフィスだったので、一般的な例ではないというのは重々承知の上ですが、ここでお伝えしたかったことは、自分のときめくアイテムで堂々とデスクを彩りましょう、ということです。

デスクを彩るといえば、アメリカで片づけの仕事をするようになって気づいたことがあります。それは、日本よりもアメリカのオフィスのほうが、こういった「ときめきプラス」のグッズをデスクに飾っている方が多いということ。

日本ではオフィスに個人的な思い出品を飾る人は少ないのですが、アメリカでは結婚式の写真や観葉植物を飾るのは平均レベルで、ときには飛行機の模型や大きめのバルーンを飾っている方まで見かけたことがあるのです。初めて見たときはびっくりしましたが、仕事場にも遊び心をプラスすることの大切さを学ぶことができました。

これまで訪問したアメリカのオフィスの中で、もっとも遊び心を感じたのは、サンフランシスコにあるエアビーアンドビー（世界最大の民泊紹介サイト運営企業）のオフィスです。

若い社員さんが多く勢いのあるスタートアップらしい、スタイリッシュなデザインのオフィスには、少人数のミーティングや一人で作業に集中するための小部屋がたくさんあるのですが、驚くべきはその内装。パリ、シドニー、ロンドンなど世界各地をテーマにした部屋があったり、キャンピングカー型の部屋があったり、壁も床もモコモコした動物のような部屋があったり、一つひとつがとにかくユニークなのです。

ちなみに日本をテーマにした部屋は、ちょっと古めかしい昭和の居酒屋がモチーフ。薄暗い空間に赤提灯やのれんなどのマニアックな小物が飾られ、ＢＧＭには昔のラジオのような音声がかすれた音でザーザーと流れていたりと細部が凝っていて、日本人である私もびっくりなこだわりようでした。

もちろん、会社全体でこのようなときめくオフィスづくりのためのデザインがされていれば素敵ですが、そうでなくても、自分のエリアだけでもできることはあるはずです。

たとえば、こんなアイデアはいかがでしょう？

《もっとときめくワークスペースにするための、ときめきプラスアイデア》

・デスクのメインカラーを決める
・好きな場所をテーマに、ワークスペースのインテリアを決めてみる
・好きな映画や物語をテーマに、ワークスペースの飾りを決めてみる
・素敵なデスク周りのインテリアの写真をネット上でリサーチしてみる
・小さな鉢植えを置いてみる
・ときめく思い出の写真を飾ってみる
・飾ってみたい写真を探す
・クリスタルやガラスのペーパーウェイトなど、キラキラした飾りを置いてみる
・自分のデスクにだけ香る、小さなアロマグッズを置いてみる
・飲み物を置くコースターにこだわってみる
・パソコンのデスクトップを季節ごとに変えてみる

あなたのワークスペースをときめかせるための工夫は、どんなことが思い浮かびますか？

ときめきプラスはどんどん実践していきましょう。

「ときめかないから転職」は正しいか

ときめく、ときめかないでモノを選んで身のまわりを片づけていくと、あらゆることに対して「自分にとってときめくかどうか」を判断するセンスが自然と磨かれていきます。その結果、片づけ後に会社を辞めて起業をしたり、転職をしたりする人も多いのです。

そんな話をすると、ときおり聞かれるのが「今の仕事にときめかないのですが、すぐにでも仕事を辞めて、転職したほうがいいでしょうか？」というご質問。

ユウさんも同じ悩みを持つお客様の一人でした。食品会社に勤める彼女は、自宅と職場を片づけたあと、自分が一番ときめくのはアクセサリーづくりで、今の仕事がときめかないことに気づいたというのです。

「今の会社はお給料は安定しているけど、毎日疲れてばかりで楽しいとは思えないんですよね。アクセサリー作家として独立するか、アクセサリーやクラフト関連の会社に転職するか。どうしたらいいでしょう？」

こんなとき、私はまずは「ときめく道を選んでみては？」という風に提案はするのですが、ユウさんは「でも、アクセサリー作家だと生計が立たないし……」「他の会社でピンとくるところはまだないんですよね」と口ごもります。

そこで私がおすすめしたのは、仕事のときめき分析。**今の仕事の要素の中で、何にときめいて、何にときめかないかを分析してみること。同時に、自分でコントロールできることか、できないことか、ということも合わせて考えていただく**ようにしました。

数ヶ月後ふたたびユウさんにお会いすると、以前とは打って変わってスッキリした表情の彼女。結果として、転職はせず、今の職場にとどまることを決めたのだと言います。

「仕事がときめかない原因を分析してみたら、通勤ラッシュで疲れていることが大きな原因でした。そこで、1時間早く通勤するようにしたら、朝の疲れが激減して、仕事が効率よくできるようになったんです」

「それから、どうしても苦手な取引先の人がいたのですが、思い切って上司に相談したら、アッサリ担当を変えてもらえて。ときめかないと思っていたことでも、変えられることを変えていったら、また仕事が楽しめるようになりました」

「もちろん、仕事の全部がときめくわけではないけれど。しっかりお給料をもらいながらアクセサリーづくりは趣味として楽しむ生き方が、私にとってはちょうどいいバランスだ、ということに気づけたんです」
　そう話す彼女の笑顔は、とても穏やかでした。

　ユウさんのケースのように、自分の気持ちにまだ迷いがある段階では、私はまずは現状の片づけをすることをおすすめしています。

　それが人間関係であれ、仕事内容であれ、悩みというのはたくさんの要素から成り立っていることが多いので、その一つひとつに向き合ってみること。現状の何にときめいて、何にときめかないか。そして、変えられるものと変えられないものは何か。

　自分の状況や考えを客観的に眺めて、ときめくワークスタイルを実現するためには何が必要か、冷静に考えてみてください。まだあなたが改善できることがあるかもしれません。

　こんな風に、**まずは今の状態を整えることは、そのまま今の職場にいる決断をしたときはもちろん、起業や転職など、新しいステップに踏み出す前の準備としてもとても有用**です。

　新しいステップに踏み出す前には、必ず別れがあります。**何かを手放すとき、お別れをするときこそ、自分の心が整っていることがとても大切**だからです。そのことを、私は片づけの経験から学んできました。

たとえば、ときめかないモノを手放すとき「これ、私にとって最悪だったから」「もういらないから」「全然役に立ってくれなかったから」とネガティブな気持ちで乱暴に手放すと、不思議なことにそのストレスからか、また同じようなモノを買ってしまったり、同じようなトラブルが起こったりするもの。

だから、**モノを手放すときは、そのご縁に感謝して、心がいい波動をもった状態で手放すこと。手放したモノに乗せられたあなたのポジティブなエネルギーが、新しいときめくモノとの出会いを連れてきてくれる**のです。

転職を考えるときも同じです。「大変なこともあったけれど、人との距離感の大切さを学べたな」「あの経験のおかげで、自分にとって心地いい働き方を考え直すことができたな」という風に、そこから学んだことに感謝することで、次のステージにふさわしい、素敵な仕事のご縁がやってくるはずです。

ときめく働き方を実現するまでの過程も楽しもう

　私が今まで出会った人の中で、一番楽しそうに仕事をしていると思えた人。それは書道家でアーティストの武田双雲《そううん》さんです。ＮＨＫ大河ドラマ「天地人」のタイトル文字や、成田空港の到着ロビーで日本に訪れた人々を歓迎する「迎」の文字など、彼の書を一度は目にしたことがある人も多いのではないでしょうか。

　これまで私が抱いていた書道家のイメージは、常に真剣で、ときには眉をひそめて重々しい雰囲気で作品を生み出している人というもの。しかし実際にお会いした武田双雲さんは正反対で、「産みの苦しみとかまったくない。僕にとって作品はゲップみたいなもの。なんだか知らないけど出てきちゃうんだよね」

とおっしゃっていました。なんとも軽やかで、ユニークな考えです。

　ちょうど仕事に悩んでいた私は、「いいなぁ、私も楽しみながらスルンと作品を生み出してみたいな」と羨ましく思いました。

　しかし、彼が書道を始めたのは３歳のとき。小さい頃から書道家のお母様の元で指導を受けて、今があるのです。

　また聞くところによると、現在大活躍されている武田双雲さんも、書道家としてすぐに成功したわけではありませんでした。大学卒業後はＩＴ関連の企業で営業として働き、のちに独立するも、初めの頃は仕事もなく苦労をしたそうです。今は最高にときめく仕事をしている武田双雲さんだって、初めからすごい人だったわけではなかったのです。

　そう考えると、**私にとって片づけは息をするようにでき、ひたすら楽しいことですが、最初からうまくできたわけではありません。私が片づけを始めたのは5歳のとき。そこから長年かけて、試行錯誤をくり返しながら自分のメソッドをつくり上げ、今があります。**

　一方、私は講演や出版、テレビなどのメディア出演によって、片づけについてたくさんの方にお伝えする仕事もしていますが、じつはそれらは私にとってはまだまだチャレンジも多く、楽しいことばかりではありません。でも考えてみたら、伝えることに関してはまだ10年足らず。片づけのようにうまくできないのは当たり前なのです。

　たとえば、私が会社を辞めて独立したあとに初めて開催したセミナーは、30名の定員で参加者は2名でした。参加の申し込みが来たのは4名でそのうち2名がドタキャン。広々とした部屋にポツンといるのは私たち3人、初めてのセミナーで勝手がわからずモジモジと話す自分が情けないやら、来てくださった方に申し訳ないやらで、その場から今すぐ逃げ出したいような気持ちでした。

マーケティングが圧倒的に足りないことを自覚した私は、そこからPRや経営についてひたすら本を読んだりセミナーに参加したり、経営者が参加する朝会で人脈をつくったり、ブログを定期的に書いて情報発信を続けたり。

セミナーも、いきなりたくさんの人を集めるのではなく、公民館の畳の部屋で正座するスタイルで、10名以下のこぢんまりとした集まりから再スタート。

ライフスタイル系のイベントでブースを持てるようになってからは、少しでも目を引くために浴衣を着て、帯には「片づけの悩み解消します」と書いたうちわを挿《さ》して会場をウロウロしながら自分のサービスを売り込んだり。

そんな活動を地道に続けていくうちに、30名規模のセミナーを毎月満席にできるようになり、個人レッスンも着実に増え、ついには顧客待ちリストが半年になったときにお客様から「片づけ法を本で読みたい」とリクエストされるようになり、初めての本の出版にいたったのでした。

もちろん、**本を出版したあとも、数千名規模の講演をするようになった今も、チャレンジの数だけ課題はいつでもあります。けれど、経験を重ねるほどに、仕事における「楽しい」の割合は確実に増えていっているのを年々感じています。**

仕事は積み重ね。仕事を通じて、私たちは成長していくのです。何事も最初からスルリとうまくいくわけではないのです。

そして、**今はうまくできないこと、自分にとって心地よくないことでも、自分のときめく未来につながっているものであれば、それは成長痛みたいなもの。**だから、「あの人みたいに、今１００％ときめく働き方ができていない自分はダメなんだ」と自分を責めるのではなく、これは理想の未来に近づくための伸び代なんだと思って、成長途中の自分も大いに楽しんでみましょう。そうした毎日の積み重ねで、ときめくワークスタイルはつくられていくのです。

人の目が気になって「ときめく」道に進むのが怖いとき

片づけをしていると、自分のときめく道がハッキリしてくるので「あっ、私はこういうことがしたいんだ」「こんなことに挑戦したいんだ」と自分の本当の心が見えてきます。

でも**いざときめく道に進むとなると、ワクワクとともに恐怖も感じるもの。**

たとえば、「本当はやりたいことがあるけれど、そんなことをしたら周りの人になんて思われるだろう」という恐怖に包まれて、ときめく道への一歩を踏み出せない人も多いのではないでしょうか。

じつは私もそうでした。私が人生をかけてやっていきたいことは、「片づけを通じて、ときめく人生を生きる人を増やすこと」。そのために、これまで本を書いたり講演会をしたり、テレビなどのメディアに出演してきました。

数年前にそのミッションを改めて考えたとき、もっと多くの人にお伝えするためにも、私自身もSNSを通じて発信していきたいと思いました。でもその一方で、SNSで自分の考えやライフスタイルなどを発信したら、嫌われるのではないか、批判されるのではないか、と恐怖を感じてひるんでしまいました。それで長い間、SNSのアカウントを開設することすらできずにいたのです。

そんなとき、とある有名な心理カウンセラーさんとお話をする機会があり、相談をしてみたことがあります。「本当はSNSを通じて発信していきたいけれど、嫌われたり批判されるのが怖くてできないのだ」と。

すると彼は笑顔で一言、こうおっしゃいました。

「大丈夫。もう十分嫌われているから」

誤解のないようにお伝えしておくと、これは彼のカウンセリングスタイルで、嫌われることに恐れを感じている人に対して答える定番の言葉なのです。

その言葉を聞いて、「たしかに！」と思わず納得した私は、ためしに恐る恐るインターネットで自分の名前を検索してみました。すると、公式サイトとブログの次に出てきたのが、私がどれだけ嫌われているか、箇条書きで細かく理由を説明された記事だったのです。

これは私にとって衝撃的な出来事でしたが、このことがきっかけで、私の考え方は１８０度変わりました。

私はこれまで嫌われないように、嫌われないようにと、自分を抑えて発信しないでいたけれど、発信しようがしまいが批判する人はいるのだと気づきました。

そして、**改めて自分に問いました。「批判を恐れて何もしない道を選ぶのは、私にとって本当にときめく選択なの？」。答えはＮＯでした。**

「こんまりメソッドを通じて、たくさんの人にときめきを伝えたい」。それが私の心の声だったからです。

それからすぐに、インスタグラム（@mariekondo_jp）などＳＮＳのアカウントを開設していきました。すると、私が恐れていたほど批判されることもなく、逆にＳＮＳを通じて発信していくことで支持してくださる人がどんどん増えていきました。さらに検索結果には、私の発信した情報やポジティブなニュースが並ぶようになったのです。あのときは怖かったけれど、勇気を出して一歩踏み出して本当によかった、と今ではそんな風に思っています。

世の中には本当にたくさんの人がいて、その価値観もさまざま。だからすべての人に好かれること、理解してもらうことは不可能です。批判されることがあって当たり前ですし、それは仕方がないこと。何をしても、どんなに真っ当なことをしても、必ずだれかには誤解されるものなのです。

だから、そんな批判を恐れてときめかない人生を生きるなんて、もったいない。**あなたの人生は一度きりです。人の目を気にして生きるか、自分の心に従って生きるのか。あなたは、どちらの道にときめきますか？**

スコット教授のミニコラム

過去を手放すことで未来を楽しむ

多くの場合、私たちの頭の中は大きな恐怖感、心配事、過去の失敗や他の人たちからの批判などでごった返しているものです。たいていの人は、ネガティブなことよりもポジティブなことのほうを多く体験しているはずですが、いやな経験のほうが頭に残りがちです。[1] これは精神的な健康に計り知れない影響を及ぼします。自分に対して批判的になりすぎると、私たちは自信を失います。実際に起こったこと、もしくは想像しただけの失敗にこだわることによって、自分の弱点ばかりを考えるあまり気が散り、将来的に本当に失敗してしまうようなコースに導かれてしまうのです。[2]

さらに、過去の失敗に囚《とら》われすぎると、もう失敗だけは避けようと思うあまり、仕事に理想を持ったり目的を追求したりすることが、難しくなったりします。

過去の出来事を悔やんだり、自分の能力や成果を他人と比べたり、先週の失敗にこだわるのはやめましょう。

ネガティブな考えを捨てるためには、紙に書き出してしまいましょう。そうして見直すことによって、失敗が何を教えてくれたのかを見極め、今後の自分の成長にどう貢献してくれるか考えてみてください。そして、その紙を捨てれば（シュレッダーにかけてもよし、燃やしてもよし、埋めてもよし）、ネガティブな思いも同時に消えていくものです。悪い思考から学んだら、そこから学んだレッスンはキープして、自己批判は捨てましょう。

定期的に自分と向き合う時間をつくる

仕事の進め方においても、「片づいている人」と「片づいていない人」という2種類の人が存在します。**「仕事が片づいている」とは、常に今何をするべきかが明確で、タスクを滞りなくサクサクとこなし、メリハリを持ってときめきながら働いている状態**を指します。対して「仕事が片づいていない」とは、処理しなければならないタスクに追われ、いつもストレスを感じながら働いている状態です。

私の知る中で「仕事が片づいている人」のうちの一人は、身内の話で恐縮なのですが、私の夫です。こんまりメソッドのブランド管理をしている「KonMari Media Inc.」の代表であり、プロデューサーでもある川原卓巳。

事務仕事は時間を区切って集中して終え、自分に来た仕事は瞬時に対応してボールは常に相手にある状態。週に2回ジムに行って体調を整え、話題の本や映画をチェックして勉強をしつつ、娘たちと遊んだり家事をしたり、ただリラックスをしたりする自分の時間も十分にとっていて、本の執筆中は常に締め切りに追われてボロッとしている私とは大違いです。

そうは言っても、日中スマホを見ながらクマのごとく家でゴロゴロしているだけのように見えることも多い彼。だけど仕事はきっちり期限通りにこなしているのはどういうことなのか。くやしいほどに「Joy at Work」な働き方をしているので、その秘訣を聞いてみました。すると返ってきた答えは一言、「定期的に自分と向き合う時間をとっているから」というものでした。

聞くところによると、**夫は2週間ごとに1時間ほど時間をとり、なぜ自分は働いているのか、仕事を通じてどんな未来を実現していきたいのか、理想の働き方はどんな働き方なのかを考え、その上で今あるタスクの優先順位を明確にしているそうです。**そして1日ごとでは毎朝10分、その優先順位を元に、その日やるべきタスクを決めてから仕事にとりかかっているとのこと（予想以上の頻度と時間のかけ具合にびっくりしたのは私だけでしょうか……）。

さらに、こういったプランニングをするだけでなく、**しっかり振り返って改善することも大切**だと言います。

生産的ではない80の仕事を減らし、生産的な20の仕事に集中するという「80：20の法則」を日々に適応。どのタスクが80で、どのタスクが20なのかをチェックし、必要のない仕事はどんどん減らしていきます。

たとえば、理想の働き方に対して打ち合わせが多いと感じたら、月に4回おこなっていた会議を月に2回と半分に減らしたり、60分の会議を50分に短くするなどし、その分生産性の高い仕事に時間とエネルギーを使えるよう調整しているのだそう。

また、**仕事の優先順位だけでなく、「だれと時間を過ごすのか」という優先順位も徹底的に明確化。**まず優先的に確保するのは自分と向き合う時間、次に妻の私や子供たちなどの家族、そして会社の社員、一緒に仕事をしている外部のパートナー、お客様という順番で大切にすると決めています。身近な人との関係性が良ければ、自分の状態も良くなり、コミュニケーションロスも減って生産性も高まり、結果としてお客様に良いサービスを提供することにもつながると考えているそうです。

このように、**定期的に自分と向き合い、現状を振り返り、改善する習慣を持っているので、「Joy at Work」な働き方を実現できているのでしょう。**そしてこうした働き方は、経営者としての立場だからできるのではなく、会社員時代からそうだったというから驚きです。

夫婦で実践している、とっておきの「仕事の片づけ法」

そんな夫の影響で、私も仕事が増えてタスクが山積みになったときや、生産性が落ちたなと感じたときは、夫婦で一緒に自分と向き合い整理する時間をつくるようになりました。

具体的には、以下の3ステップで「仕事の片づけ」をしています。

①現状を把握する

まずは大きなスケッチブックを横向きに置いて一番上に線を1本引き、それを12等分に点で分けて1年分の月を書き込み、現時点で決まっている年間のスケジュールを書き出します。ここで書くのはプロジェクトごとの大まかな予定です。たとえば、3月にニューヨークで講演をする、5月にテレビ番組の撮影をする、8月に本を出版する、など。

その下のスペースには、時期は決まっていないけどこれからやりたいプロジェクトのアイデアも書き出します。

この時点で自分の予定しているプロジェクトがどんなものがあるか、全体像が把握できている状態になります。

②プロジェクトの優先度を考え、それぞれにかける時間を決める

次にそれぞれのプロジェクトの優先度を考えます。

その基準となる問いは「ときめく仕事か」「ときめく未来につながる仕事か」「やらなければいけない仕事か」。〝ときめく未来につながるか〟というのは、たとえば私たちの場合であれば、会社の理念である『Organize the World』というゴールに向かうために効果的なのか、という風にも言い換えられます。

そしてプロジェクトの優先度をもとに、それぞれにどれくらい時間をかけるのかを検討し、スケッチブックのスケジュールに書き込んでいきます。**「ときめく仕事」「ときめく未来につながる仕事」により労力をかけ、「やらなければいけない仕事」は極力時間をかけずに、というのが基本方針**です。

スケッチブックをざっと見直し、「打ち合わせに時間をかけすぎているな」とか「もっとブランド認知を上げるための活動が必要だな」といった気づきがあれば、必要に応じて時間を調整していきます。

③タスクに落とし込む

ここまでの作業で自分が抱えているプロジェクトの全体像と、重要性、ざっくりとしたシーズン分けが明確になっているので、それを元に細かいタスクをGoogleカレンダーや自分のスケジュール帳に書き込みます。

最後に、それまでスケジュールに書き込まれていたタスクでも、優先度が低いと判断したものはバッサリ削除したり、時期を変えたりして調整すれば、その時点でもっとも意義があり、ときめく仕事のスケジュールのできあがり、というわけです。

以上の3ステップが、基本の「仕事の片づけ法」ですが、ときには3年間のスパンで考えたり、もっと細かく一つのプロジェクトだけに応用することも可能です。

このようにして仕事の片づけをするようになってからというもの、日々のタスクがより意味のあるものとして捉えられるようになり、仕事のモチベーションアップと集中力アップにつながるようになりました。**どんな小さなタスクであっても、その仕事の意義を理解した上で取り組むことで、ときめき度とやりがいは格段にアップする**、ということを、夫とともに仕事の片づけをする中で学ぶようになったのです。

と、この章だけを読むと、まるで夫が仕事も時間管理もイヤミなほどに完璧な、スーパーマンのように思えてきますが、じつはお酒を飲み過ぎたときだけは非常にたちが悪く、何度か私に羽交い締めにされた……というストーリーについては、彼の名誉のために内緒にしておきますね。

仕事も人生も、自分の決断の積み重ねでできている

世界で仕事をするようになってすぐの頃、忙しい日々が続いて心に余裕がなくなり、ついつい愚痴《ぐち》を言ってばかりの時期がありました。

「このスケジュールじゃ、休む暇がない。いい仕事ができる状態じゃない」と文句を言うのはまだましで、疲れがピークに達しているときなんかは、

「スタッフもお客さんも、私以外、みんな楽しそう。〝ときめきが大事〟なんて伝えてたって、私が一番ときめいてない」

と、ここで正直に書くのもためらわれるくらい、ひどい態度をとってしまったこともあります。

そんなとき、マネージャーである夫がいつも冷静に言うのは「本当に嫌なら、やらなくてもいいよ」という言葉でした。

「講演をやめるなら、主催者さんに僕が謝るよ。そんなに組織で働くのが苦手なら、会社もたたんでもいいよ」

こういったことを、脅《おど》しがかっていたり、嫌味だったり、残念そうにたたみかけるのではなく、とてもニュートラルな口調で言ってくるのです。

そう言われてしまうと、私もふと我に返ります。

この講演会も、もともと私がやりたいと思って引き受けた仕事だし、アメリカに会社を立ち上げたのも、私がやりたくてやったこと。すべて、こんまりメソッドを広めて一人でも多くの人にときめく人生を伝えるために自分で選んだ道なのだ、と。

私は片づけレッスンの中で、「どうしても捨てられないモノがあれば、腹をくくって堂々ととっておいてください」という風にアドバイスしています。

たとえば、ときめかないけど高かったから手放せないバッグがあれば、クローゼットの奥にしまいこんで隠すのではなく、ときめくバッグと同じように並べてみる。目に入るたびに「本当はときめかないのよね」とネガティブな気持ちをぶつけるのではなく、「ここにいてくれてありがとう」と愛情の眼差しを送ってみる。

そうやって覚悟を持って残すと、どんなに手放せなかったモノでも、しばらくして「やっぱりこれはお役目終了かな」と納得して手放せるようになったり、堂々ととっておくうちに愛着が湧いて、本当にときめくモノに昇格することもあるからです。

「これは、私が残したくて残したモノなんだ、意思を持って残したモノなんだ」と腹をくくって向き合うと、その後感謝して手放すことも、大切に残すこともできるようになるのです。

このことは物理的な片づけに限らず、すべての選択において言えることだと、私は思います。私たちの仕事も人生も、自分が過去にした一つひとつの決断によってつくられています。何事も他人のせいということはなく、すべて自分の選択の結果なのです。

もし、あなたが**今取り組んでいることにときめかないと思ったら、それが過去のあなたが選んだ道だということをもう一度思い出してみてください。その上で、あなたはどうしたいのか、改めて自分に問いかけてみてください。**

手放すなら感謝をして。続けるなら覚悟を持って。どちらを選んでも、あなたの意思で堂々と選んだものならば、あなたのときめく人生につながっているはずです。

スコット教授の
ミニコラム

あなたにもときめく仕事がもてる

自分がどんな仕事にときめくのかを知ることは、理想のワークスタイルにより近づくガイドとなります。

スッキリした仕事場を楽しむこと。片づけをしたことによって余った時間と頭の中のエネルギーを使って、よりときめく仕事に取り掛かる。自分の責任の枠以外のときめくプロジェクトに、もっと自分の時間を掛けてボランティアする。ときめく作業やスキルに重点を置いてマスターする（あまりときめかない仕事をキープしたとしても）。ときめく同僚ともっと時間を過ごしてみましょう。そしてときめかない人はなるべく避けるように。

このようなことを試してみても、ときめかないようであれば、もっと何かを大きく変えなければならないかもしれません。

仕事にはときめくのに、組織にときめかないのであれば、新しい職場を探すことを考えてみてはどうでしょうか？　同僚は好きなのに、仕事の内容にときめかない場合は、会社内でもっと自分にあった仕事を考えてみるのも一つの手です。または、現職でもう行き詰まったと思ったら、違うタイプの仕事を探してみてもよいかもしれません。ただ、気をつけなければならないのは、隣の芝生《しばふ》はより青く見えるもので、もしかすると今の職場に、じつはときめきのポテンシャルが潜んでいるかもしれないのです。

仕事をキープするか辞めるかはあなた次第ですが、過去にこだわったり（ずっとこうして働いてきたから）、未知の世界を懸念したり（この仕事でなかったら何があるのか？）してはいけません。今の職場がどんなに居心地が良くても、もうときめきがないのであれば、行動に移す機会です。

自分のワークスタイルをどんなものにしたいのかという明確なアイデアと、どうすればそれが手に入れられるかがわかっていれば、的確な基準をもって次の仕事にアプローチすることができるはずです。

家庭と仕事のバランスを取るために

二人の娘を育てるようになってから、私の生活はガラリと変わりました。

子供を持つ前の私の「理想の暮らし」は、こんな感じです。

朝は爽《さわ》やかに起きて、子供たちが起きてくる前にササッと身支度を整え、食事の準備をする。昼間のうちに仕事を要領よく終えて、子供とたくさん遊ぶ。夜は愛情たっぷりのご飯をつくって、家族でディナーを楽しむ。寝る前にはヨガをしてリラックスし、穏やかな気持ちで眠りにつく。もちろん、家はいつも完璧に片づいている！

……そんな生活が理想だったのですが、現実は甘くはありませんでした。出産後はとにかく時間もないし、余裕もないので、生活で最低限に求めるレベルが、自分は寝る前に歯さえ磨ければＯＫ、子供は生きていればまずはＯＫ、というレベルにまで一挙に落ちてしまいました。

朝は早い時間から子供に起こされるので、ゆっくり眠ることができません。ゆえにいつもボンヤリ眠くて、集中力は明らかに落ち、予定通りに仕事や家事が終わらない。家だって、いつもキレイに片づいた状態をキープしたいけれど、子供が塩の袋をバッサリひっくり返すわ、箱で仕切ってしゃんと収納された文房具の引き出しの中身も無残に崩されるわ。どんなに片づけても家が散らかってしまうのです。

　こんなこともありました。娘たちに洋服の畳み方を教えたところ、彼女たちも何か畳みたくなったのでしょうね。棚にキレイに収納したすべての衣類を、ぐちゃぐちゃにされてしまいました。そのときは、さすがにニッコリ笑うこともできず、余裕なく叱《しか》りつけてしまいあとで自己嫌悪……なんてことも。もはや、ときめきの〝と〟の字も見当たらない光景です。

　娘たちが学校に行くようになって以降、多少は落ち着いてきましたが、こういった経験から私は、「子供が小さいうちは、完璧に片づけることを諦めるべし！」ということを学んだのです。

　そんな中でも、せめてもと意識していたことは「自分のペースを保てる場所だけは、片づいた状態をキープする」ということ。たとえば、仕事部屋のデスクの引き出しだけはスッキリした状態をキープする、クローゼットのかける収納だけはときめく状態を保つ、などです。

　毎日の生活の中で、**子供がいることでコントロールの利かないことがあるからこそ、自分でコントロールできる場所のときめきは死守する。それだけでも、だいぶ気分が変わっ**

てきます。「ここにいると、ときめく」。そんな空間を家の中に一つでもつくることは、とても大切なのです。

もちろん私に限らず、子育て中はとにかく余裕がない、という状況は世界共通なようで、私のところには世界中の子育てしながら仕事をする方からご相談の声がたくさん届きます。その代表的なものの一つが「家庭と仕事のバランスを取るには、いったいどうしたらいいでしょう?」というもの。

そのたびに私が答えているのは、「まずは自分の目指したい家庭と仕事のバランスを考えましょう」ということです。

先ほどもお伝えした通り、出産をしてから生活の中の仕事と家庭のバランスは大きく変わりました。子供にかける時間や労力が増えた分、これまでのように長時間働くことが物理的にできなくなったのです。そこで、改めて『家庭と仕事がどういうバランスであれば、自分たちがハッピーでいられるか』ということを夫婦で話し合うようになりました。

その結果私たちが選んだのは、プライベートの時間を優先的に確保して、その上で仕事の予定を組むという方法です。具体的には、スケジュールから**まずは日々の家族だんらんの時間を確保し、次に旅行などの楽しみの予定、そして自分の心と体をリセットするため**

のリラックスの時間を確保してから、残った時間で仕事の予定を調整するようにしたのです。

当然その分、いただいた仕事をお断りする機会も増えましたが、「素敵なお声がけをありがとうございます。またタイミングの合うときにご縁がありますように」と、感謝して手放すことを徹底。今では仕事の時間は以前の３分の２ほどになり、一つひとつの仕事への意欲とクオリティはグッと増すようになりました。

プライベートと仕事のバランスについては、とくに２０２０年の新型コロナウイルスの影響で働き方が大きく変わって以降、自分の時間の使い方を見直さざるをえなくなった方も多いのではないでしょうか。

もしもあなたが、今の働き方に少しでも違和感があるのであれば、今こそ仕事の片づけが必要なとき。２７７ページの「仕事の片づけ法」のステップも参考にしつつ、限りある自分の時間をどのようなバランスで使っていきたいか、この機会にぜひじっくりと考えてみてください。

ときめく仕事をすることが、ときめく人生をつくる

「私は社会的に影響力のある仕事をしているわけではないし、仕事といっても生活のためにしているだけです。こんな私に、ときめく仕事なんて遠い世界すぎて……」

あるとき、こんな風に言ったお客様がいらっしゃいました。

この本を読んでいる方の中にも、同じように感じている方がいらっしゃるかもしれません。

でも、私は自信を持って断言します。**どんな人だって、仕事でときめくことは可能です。**

「どうしてお母さんはいつも楽しそうに家事をしているの？」

私が5歳のとき、専業主婦をしていた母にこう聞いたことがありました。すると母は、

「家事ってすばらしい仕事なのよ」と答えました。

「私がこうやってご飯をつくったり家を整えたりすることで、お父さんは仕事を頑張れるし、子供たちも元気に学校に行ける。すごく社会の役に立っているのよ。だからお母さん

は、この仕事が大好きなの！」と母は笑顔で話してくれました。
その話を聞いて私は、「家事ってとても大切で、素敵な仕事なんだな」と思うのと同時に、社会はいろんな役割でできていることを知りました。

片づけをしていると、すべてのモノに大切な役割があることを感じます。小さなネジだって、ドライバーだってなくてはならないもの。一つひとつ、それぞれに違った役割があって、調和によっておうちが成り立っているのです。

それは仕事においても同じです。どんな仕事も他のものと比べられないほど大切なのです。だから、**大きなことでなくてもいい。自分の仕事がどんな風に社会につながっているのか、どんな風に社会に役立っているのか、ということを改めて考えてみてください。自分がふだんしていることに意義を見出すことが、仕事のやりがいや喜びにつながるからです。**

「何の仕事をしているか」よりも、「どんな感情で仕事をしているか」のほうが大切だと、私は考えています。いつもストレスを抱えてイライラ働いているのではなく、その人自身がときめいていて、いいエネルギーを出して働いていると、周りにもポジティブな影響が伝わります。そして、そういう人が増えるほど、それが巡り巡って世界中にいいエネルギーが広がっていくのです。

つまり、**仕事をしているあなた自身がときめきのエネルギーを出していること、そのことだけでも、社会に貢献している**はずなのです。

さて、あなたは今、仕事を楽しめているでしょうか。

あなたが本当に求める、理想のワークスタイルはどんなものですか。

あなたが思い描くときめく働き方を叶える第一歩として、片づけほど有効な手段はないと、私は確信しています。

本書でご紹介したように、物理的な片づけを始め、時間や人間関係、判断など、あらゆることについて片づけを実践してみてください。

そして**ここからは、あなたにとって本当にときめくことに、時間と情熱を注いでください。**

ときめく仕事をすることが、ときめく人生をつくるのです。

おわりに

「こんまりさんは、おうちでも仕事でも、毎日さぞかしときめいているんでしょうね」とインタビューで聞かれて、「いいえ、仕事ではそういうわけでもないんです」と、正直に答えることができないまま、何年もいました。

２０１０年に日本で『人生がときめく片づけの魔法』を出版して以降、〝片づけをすると人生がときめく〟と発信するからには、いつもときめきでいっぱいで幸せそうな自分でいなければならない、という風に思い込んでいたところがあったからです。

20代の当時の私の「ときめく仕事人生」のイメージというと、面倒でときめかない仕事はいっさい手放し、自分の好きなことだけ、まっすぐにときめく仕事だけを選んで、ただただひたすら楽しく過ごす毎日、というもの。

実際、『人生がときめく片づけの魔法』を執筆していた頃、そして本のＰＲ活動を始めたばかりの頃は、そのような時期もありました。雑誌やテレビでインタビューに答えるのも、たくさんの人の前で話すのも新鮮で、本の出版部数がどんどん積み上がっていくことに日々興奮していました。

でもそれは、自分の力で頑張ってたどり着けるところまでの、つかの間の話。

本が１００万部を超え、１０００万部を超え、こんまりメソッドが世界でも広がっていき、『タイム』誌の「世界で最も影響力のある１００人」に選出され、アメリカに引っ越して会社をおこし、ネットフリックスで番組を持ってそれが世界１９０ヶ国で配信されたり、アカデミー賞やエミー賞でレッドカーペットを歩く機会があったりと、関わる人が増え、自分の意思と器をはるかに超えて仕事が与えられるようになるにつれ、そのプレッシャーとストレスで「ときめくワークスタイル」とは言えない状態に。

今でこそ、その状態にも少しずつ慣れていき、心もずいぶん安定するようになりましたが、そこに至るまでにはさまざまな葛藤《かっとう》や理想と現実とのギャップ、人間関係の悩みも、絶えずありました。

この本の執筆をきっかけに、自分の仕事において通ってきた道を振り返り、これまでの紆余《うよ》曲折《きょくせつ》だったり失敗だったりを改めて見直すことができ、仕事とは、社会への貢献であると同時に、自分の成長のための道筋でもあることを改めて痛感したのです。

この10年のあゆみの中で変わったことは、人と一緒に働く大切さをより認識できるようになったことです。以前の私は、成功とは一人の力で成し遂げるものだ、と考えていました。

けれど今は、私の周りにはたくさんの頼もしい仲間がいます。

日本とアメリカの社員さんたちをはじめ、それぞれのプロジェクトでご一緒しているビジネスパートナーのみなさんや、世界中で活動してくださっている「こんまり流片づけコンサルタント」のみなさん、そしてこんまりメソッドの哲学に共感してくださっているファンの方々……。

仕事とは、たくさんの人の協力によって、少しずつ積み上げていくものなのだということを、遅ればせながら、仕事を通して学ばせていただいています。

私たちは今、『Organize the World』という理念を掲げています。一人でも多くの方が、片づけを終わらせ、ときめく毎日を過ごすこと。自分にとってときめくモノを選ぶことができる人生を歩むこと。これを世界中に広げていくこと。

この本『Joy at Work』も、その夢を実現するための、また大きな一歩となりました。

この本を書くにあたってご協力いただいたスコット教授、編集者のトレーシーさん、エージェントのニールさん、河出書房新社のみなさん、編集をお手伝いしてくださった鮫川佳那子さん、関わってくださったすべてのみなさんに感謝いたします。

この本を手にとってくださったあなたの仕事、そして人生が、ときめくものになりますように。この本が少しでもお役に立てるなら、とても幸せです。

近藤麻理恵

謝辞

膨大な時間と労力を結集したこの本は、多くの人のときめきの源泉となるに違いありません。読者のみなさんが、それぞれにふさわしいキャリアと人生を実現する上で、ここで紹介した研究や実例や助言が、大いに役立つことを期待しています。

最初に話があった時点では、近藤さんと一緒に本を書くなんて想像もしていませんでした。ですが、今回この本のおかげで、多くのみなさんがもっと整理された環境で働き、仕事にもっと幸せを見出し、働き甲斐を感じ、自律的に動くための手助けをする機会を得ました。これまで20年ほどにわたって、より良い働き方を研究し、助言し、教えてきた私にとって、これはまさに夢の実現です。またとない機会を与えてくれた近藤さんに、心から感謝しています。

執筆にあたって、たくさんの人から助力を賜《たまわ》りました。まずは、妻のランディ。彼女の知恵と助言が、一語一句に磨きをかけました。彼女の支えと励ましがなければ、この本を書きあげることはできなかったでしょう。寄り添ってこの経験を分かち合うことで、私たちの距離はいっそう近づきました――それは、この本がもたらしてくれた贈り物でもあります。

有能な調査アシスタントのアンバー・シムジィックとジェシカ・イーは、インタビュー対象者を選定し、説得力のある実例を見つける手助けをしてくれました。参考資料を探してくれたクリスティン・シュワルツと、デジタル関連の片づけに関して意見をくれたダレン・バーケンにも、心からの感謝を。

アダム・グラントは、私の研究を近藤さんのチームに紹介して、縁結びの役割を果たしてくれました。

どんな本にも強力な支持者が必要ですが、私のエージェントであるリチャード・パインは、その役割を見事にやってのけました。私のアイデアに助言を惜しまず、的確な編集をしてくれたばかりでなく、彼の判断力や的を射た助言なしには、この本は存在しなかったでしょう。

トレイシー・ベーハーと〈リトル、ブラウン　スパーク〉チームの全員、とりわけジェス・カン、ジュールズ・オルバチェフスキー、サブリナ・キャラハン、ローレン・ヘッセ、イアン・ストラウスに、心からの感謝を。トレーシーの鋭い指摘とゆるぎない忍耐力は、この本を期待以上に前進させてくれました。

ライス大学の仲間たちの協力を得られて、私はとても幸運でした。ミッキ・ヘブルとクラウディア・コルカーは原稿の全体に関して貴重なコメントをくれましたし、ジョン・マイルズはチームについて有益な考えを教えてくれました。ビジネススクールの管理部門、とくにピーター・ロドリゲス学部長と、マーケティング・チームのキャスリーン・クラーク、ケヴィン・パルマー、ウィージー・マッケイに深く感謝します。ローレル・スミスとサーシャ・ベールガウには、ソーシャルメディアに関してお世話になりましたし、ジェフ・フォークには広報を助けてもらいました。すばらしい同僚たちは、私にとって、この上ないときめきの源泉です。

スコット・ソネンシェイン

訳者あとがき

日本だけでなく海外でも絶大な支持を得ている《こんまり流片づけ法》が、さらに一歩進んで、働く喜びを生み出す環境づくりを開始しました。

改めて説明するまでもありませんけれど、《こんまり流片づけ法》は、身のまわりのモノたちを「ときめきを感じるかどうか」を基準にして整理する、ユニークな片づけメソッド。考案者であり実践者の近藤麻理恵氏は、アメリカの『タイム』誌で「世界で最も影響力のある１００人」に選ばれ、世界の数十ヶ国で活躍中です。

この本（原題は *JOY AT WORK : Organizing Your Professional Life*）は、近藤氏の片づけメソッドと、組織心理学者でライス大学教授のスコット・ソネンシェイン氏の最新の調査研究とが合体した成果です。「世界を片づける」を実践する近藤氏と、研究の最先端にいるソネンシェイン氏、二人が力を結集して、「ときめき」や「達成感」を基準に働き方やオフィス環境を整え、キャリアアップや成功へのパワーを手に入れる秘訣を、わかりやすく私たちに伝授してくれます。

1章から3章、そして11章は近藤氏の担当、4章から10章まではソネンシェイン氏の担当です。また、近藤氏の各章にはソネンシェイン氏による、ソネンシェイン氏の各章には近藤氏による「ミニコラム」が加えられています（翻訳されているのはソネンシェイン氏の執筆部分だけであることを、念のために申し添えます）。

近藤麻理恵氏は、片づけコンサルタントの「こんまり」として知られます。２０１０年に出版した『人生がときめく片づけの魔法』が世界40ヶ国以上で翻訳され、累計１２００万部以上の大ベストセラーとなったことは、みなさんもよくご存じのことでしょう。

片づけの目的は「ときめく暮らしへとつなげること」。何を残し、何を捨てるか、その選択基準は「あなたの心がときめくかどうか」です。

片づけコンサルタントとして注目を集め、数多くの家庭を訪問するうちに、「世界を片づける（Organize the World）」という大きな志を抱いた近藤氏は、活躍の場を海外へと大きく広げ、２０１６年に家族とともにアメリカへ渡りました。そして、またたくまにKonMariという言葉が「片づけ」を意味するものとして認識されるようになりました。アメリカで二人目のお子さんにも恵まれて、現在は一家４人で生活されています。

アメリカでは２０１９年1月から、有料動画配信サービスNetflix（ネットフリックス）でオリジナル番組「KonMari～人生がときめく片づけの魔法～」シーズン１が配信され、大好評を得ました。

近藤氏がアメリカ人家庭を訪ねて、家の中の整理方法を伝授するこの番組は、各国の視聴者のあいだに片づけブームを巻き起こし、リサイクル店に大量の不要品が集まるなどの社会現象にまで発展しました。番組の各エピソードは「幼児と一緒にお片づけ」「理想の引退生活」「社会人らしい空間づくり」など、さまざまな状況での「ときめく空間づくり」を手助けする、とても興味深く楽しい内容です。

米テレビ界の最優秀番組などに贈られる第71回エミー賞では、リアリティー番組部門など2部門でノミネートされるという栄誉を得て、残念ながら受賞は逃したものの、華やかな授賞式には、近藤氏がご主人にエスコートされて元気な姿を見せました。

スコット・ソネンシェイン氏はライス大学経営学院教授。バージニア大学を卒業後、ケンブリッジ大学で修士号を、ミシガン大学で組織行動論の博士号を取得。シリコンバレーのスタートアップ企業での勤務や、大企業のコンサルタントといった経験を経て、研究・教育の分野で大きな業績をあげています。また、『ニューヨークタイムズ』『タイム』『ファーストカンパニー』『ハーバードビジネスレビュー』などの各紙誌に寄稿し、講演やテレビ出演も数多くこなしています。

実例や綿密なリサーチをもとにした、著書『ストレッチ　少ないリソースで思わぬ成果を出す方法』（三木俊哉訳、海と月社、２０１８年４月）は、「人材」「資金」「ツール」といった手持ちのリソースを最大限に有効活用することを説いて、『ニューヨークタイムズ』紙のベストセラーとなりました。

手持ちのリソースを最大限に活用すれば、創造性や労働効率性を育むことができ、最終的にはより良い生活を送れるというソネンシェイン氏の考えは、「片づけたモノを大切にする」という近藤氏の考えと、強くリンクしています。

この本の執筆に取りかかる以前、《こんまりメソッド》に強く興味をそそられたソネンシェイン氏は、自分のオフィスを実験台にして片づけを実践しました。すると、力強い変化を身をもって体験でき、近藤氏のメソッドはたんなる整理整頓を超越した行動であり、むしろ自己発見のプロセスなのだと認識したのです。

《こんまりメソッド》による片づけは、自分自身についての「学び」であり、自分が本当に望んでいる人生へ近づく道につながるのです。どうぞ、みなさんも仕事にときめく人生を手に入れてください。

２０２０年７月　古草秀子

performance and member reactions. *Sociometry*, 37–54.（『ハーバードで学ぶ「デキるチーム」５つの条件：チームリーダーの「常識」』Ｊ・リチャード・ハックマン著、田中滋訳、生産性出版、2005年）

第 10 章

(1) Ramos, J. & Torgler, B. (2012). Are academics messy? Testing the broken windows theory with a field experiment in the work environment. *Review of Law and Economics* 8(3), 563–77.

(2) https://greatergood.berkeley.edu/images/uploads/GratitudeFullResults_FINAL1pdf.pdf (accessed 6/7/19).

(3) Fehr, R., Zheng, X., Jiwen Song, L., Guo, Y., & Ni, D. (2019). Thanks for everything: A quasi-experimental field study of expressing and receiving gratitude. Working paper.

第 11 章

(1) Baumeister, R. F., Bratslavsky, E., Finkenauer, C., & Vohs, K. D. (2001). Bad is stronger than good. *Review of General Psychology* 5(4), 323–70.

(2) Stoeber, J., Hutchfield, J., & Wood, K. V. (2007). Perfectionism, self-efficacy, and aspiration level: Differential effects of perfectionistic striving and self-criticism after success and failure. *Personality and Individual Differences* 45(4), 323–27.

(4) Langer, E. J., Blank, A., & Chanowitz, B. (1978). The mindlessness of ostensibly thoughtful action: The role of "placebic" information in interpersonal interaction. *Journal of Personality and Social Psychology* 36(6), 635– 42.
(5) Tamir, D. I., & Mitchell, J. P. (2012). Disclosing information about the self is intrinsically rewarding. *Proceedings of the National Academy of Sciences* 109(21), 8038–43.
(6) Kauffeld, S., & Lehmann-Willenbrock, N. (2012). Meetings matter: Effects of team meetings on team and organizational success. *Small Group Research* 43(2), 130–58.
(7) Smith, K. G., Smith, K. A., Olian, J. D., Sims Jr, H. P., O'Bannon, D. P., & Scully, J. A. (1994). Top management team demography and process: The role of social integration and communication. *Administrative Science Quarterly* 39(3), 412–38.
(8) Karr-Wisniewski, P., & Lu, Y. (2010). When more is too much: Operationalizing technology overload and exploring its impact on knowledge worker productivity. *Computers in Human Behavior* 26, 1061–72.
(9) Kerr, N. L., & Tindale, R. S. (2004). Group performance and decision making. *Annual Review of Psychology* 55, 623–55.
(10) Luong, A., & Rogelberg, S. G. (2005). Meetings and more meetings: The relationship between meeting load and the daily well-being of employees. *Group Dynamics: Theory, Research, and Practice* 9(1), 58– 67.
(11) Knight, A. P., & Baer, M. (2014). Get up, stand up: The effects of a non-sedentary workspace on information elaboration and group performance. *Social Psychological and Personality Science* 5(8), 910–17.
(12) Taparia, N. (2014, June 19). Kick the chair: How standing cut our meeting times by 25%. *Forbes.*

第9章

(1) Wrzesniewski, A., & Dutton, J. E. (2001). Crafting a job: Revisioning employees as active crafters of their work. *Academy of Management Review* 26(2), 179–201.
(2) Gigone, D., & Hastie, R. (1993). The common knowledge effect: Information sharing and group judgment. *Journal of Personality and Social Psychology* 65(5), 959–74.
(3) Stasser, G., & Titus, W. (1985). Pooling of unshared information in group decision making: Biased information sampling during discussion. *Journal of Personality and Social Psychology* 48(6), 1467–78.
(4) VanGundy, A. B. (1984). Brainwriting for new product ideas: An alternative to brainstorming. *Journal of Consumer Marketing* 1(2), 67–74.
(5) Hackman, J. R., & Vidmar, N. (1970). Effects of size and task type on group

(7) Staw, B. M. (1981). The escalation of commitment to a course of action. *Academy of Management Review* 6(4), 577–87.

第 7 章

(1) Roberts, G. B., Dunbar, R. M., Pollet, T. V., & Kuppens, T. (2009). Exploring variation in active network size: Constraints and ego characteristics, *Social Networks* 31(2),138–46.
(2) Hill, R. A. & Dunbar, R. I. (2003). Social network size in humans. *Human Nature* 14, 53–72.
(3) https://arxiv.org/abs/0812.1045 (accessed 8/28/18).
(4) Kross, E., Verduyn, P., Demiralp, E., et al. (2013, August 14). Facebook use predicts declines in subjective well-being in young adults. *PLoS One,* 8(8): e69841; Lee, S. Y. (2014, March). How do people compare themselves with others on social network sites?: The case of Facebook. *Computers in Human Behavior* 32, 253–60.
(5) Stephens, J. P., Heaphy, E., & Dutton, J. E. (2011). High-quality connections. In *The Oxford Handbook of Positive Organizational Scholarship* (385–99); Dutton, J. E. (2006). *Energize Your Workplace: How to Create and Sustain High-Quality Connections at Work.* John Wiley & Sons.
(6) Dutton, J. E. (2014). Build high-quality connections. In Dutton, J. E., & Spreitzer, G. M. (Eds.), *How to Be a Positive Leader: Small Actions, Big Impact* (pp. 11–21). San Francisco: Berrett-Koehler Publishers.
(7) Mainemelis, C., & Ronson, S. (2006). Ideas are born in fields of play: Towards a theory of play and creativity in organizational settings. *Research in Organizational Behavior* 27, 81–131.

第 8 章

(1) Rogelberg, S. G., Allen, J. A., Shanock, L., Scott, C. & Shuffler, M. (2010). Employee satisfaction with meetings: A contemporary facet of job satisfaction. *Human Resource Management* 49(2), 149–72.
(2) Workfront (2017–2018). *The State of Enterprise Work Report: U.S. Edition.* https://resources.workfront.com/ebooks-whitepapers/2017-2018-state-of-enterprise-work-report-u-s-edition (accessed 10/11/17)
(3) Lehmann-Willenbrock, N., Allen, J. A., & Belyeu, D. (2016). Our love/hate relationship with meetings: Relating good and bad meeting behaviors to meeting outcomes, engagement, and exhaustion. *Management Research Review* 39(10), 1293–1312.

15583–87.
(11) Rubinstein, J. S., Meyer, D. E., & Evans, J. E. (2001). Executive control of cognitive processes in task switching. *Journal of Experimental Psychology: Human Perception and Performance* 27(4), 763.
(12) Sanbonmatsu, D. M., Strayer, D. L., Medeiros-Ward, N., & Watson, J. M. (2013). Who multi-tasks and why? Multi-tasking ability, perceived multi-tasking ability, impulsivity, and sensation seeking. *PloS One* 8(1), e54402.
(13) Mangen, A. (2017). Textual reading on paper and screens. In A. Black, P. Luna, O. Lund, & S. Walker (Eds.), *Information Design: Research and Practice* (275–89). New York: Routledge.
(14) O'Brien, Katharine Ridgway. "Just Saying 'No': An Examination of Gender Differences in the Ability to Decline Requests in the Workplace." PhD diss., Rice University, 2014. https://hdl.handle.net/1911/77421 (accessed 12/11/19).
(15) Wrzesniewski, A., & Dutton, J. E. (2001). Crafting a job: Revisioning employees as active crafters of their work. *Academy of Management Review* 26(2), 179–201.
(16) Jett, Q. R., & George, J. M. (2003). Work interrupted: A closer look at the role of interruptions in organizational life. *Academy of Management Review* 28(3), 494–507.
(17) Csikszentmihalyi, M., & Sawyer, K. (1995). Creative insight: The social dimension of a solitary moment. In R. J. Sternberg & J. E. Davidson (Eds.), *The Nature of Insight* (pp. 329–63). Cambridge, MA: MIT Press.
(18) Elsbach, K. D., & Hargadon, A. B. (2006). Enhancing creativity through "mindless" work: A framework of workday design. *Organization Science* 17(4), 470–83.

第6章

(1) https://go.roberts.edu/leadingedge/the-great-choices-of-strategic-leaders (accessed 8/22/18).
(2) https://www.ted.com/talks/sheena_iyengar_choosing_what_to_choose/transcript (retrieved 8/22/18).
(3) https://www.entrepreneur.com/article/244395 (accessed 9/7/18).
(4) Iyengar, S. S., & Lepper, M. R. (2000). When choice is demotivating: Can one desire too much of a good thing? *Journal of Personality and Social Psychology* 79(6), 995–1006.
(5) Scheibehenne, B., Greifeneder, R., & Todd, P. M. (2010). Can there ever be too many options? A metaanalytic review of choice overload. *Journal of Consumer Research* 37(3), 409–25.
(6) Chernev, A. (2003). Product assortment and individual decision processes. *Journal of Personality and Social Psychology* 85(1), 151–62.

Factors in Computing Systems. New York: Association for Computing Machinery.
(7) Bälter, O. (2000). Keystroke level analysis of email message organization. In *Proceedings of the CHI 2000 Conference on Human Factors in Computing Systems.* New York: ACM Press.
(8) Ibid., 105–12.
(9) Andrews, S., Ellis, D. A., Shaw, H., & Piwek, L. (2015). Beyond self-report: Tools to compare estimated and real-world smartphone use. *PloS One* 10(10), e0139004.
(10) Ward, A. F., Duke, K., Gneezy, A., & Bos, M. W. (2017). Brain drain: The mere presence of one's own smartphone reduces available cognitive capacity. *Journal of the Association for Consumer Research* 2(2), 140–54.
(11) Glass, A. L. & Kang, M. (2018). Dividing attention in the classroom reduces exam performance. *Educational Psychology,* 39(3), 395– 408.
(12) https://www.bankmycell.com/blog/cell-phone-usage-in-toilet-survey#jump1 (accessed 6/11/2019).

第5章

(1) Workfront (2017–2018). *The State of Enterprise Work Report: U.S. Edition.* https://resources.workfront.com/ebooks-whitepapers/2017-2018-state-of-enterprise-work-report-u-s-edition (accessed 10/11/17).
(2) Hsee, C. K., Zhang, J., Cai, C. F., & Zhang, S. (2013). Overearning. *Psychological Science* 24(6), 852–59.
(3)『マネジャーの仕事』ヘンリー・ミンツバーグ著、奥村哲史／須貝栄訳、白桃書房、1993年
(4) Guest, R. H. (1956). Of time and the foreman. *Personnel* 32, 478–86.
(5) Stewart, R. (1967). *Managers and Their Jobs.* London: Macmillan.
(6) ABC News. *Study: U.S. Workers Burned Out.* http://abcnews.go.com/US/story?id=93295&page=1 (accessed 10/11/2017).
(7) Zhu, M., Yang, Y., & Hsee, C. K. (2018, October). The mere urgency effect. *Journal of Consumer Research* 45(3), 673–90.
(8) http://www.apa.org/research/action/multitask.aspx (accessed 8/8/18).
(9) Mark, G., Iqbal, S. T., Czerwinski, M., Johns, P., & Sano, A. (2016, May). Neurotics can't focus: An in situ study of online multitasking in the workplace. In *Proceedings of the 2016 CHI Conference on Human Factors in Computing Systems* (1739– 44). New York: ACM Press.
(10) Ophir, E., Nass, C., & Wagner, A. D. (2009). Cognitive control in media multitaskers. *Proceedings of the National Academy of Sciences of the United States of America* 106(37),

Center for Creative Leadership.
(12) https://www.centrify.com/resources/5778-centrify-password-survey-summary/ (accessed 05/04/18).
(13) Erwin, J. (2014, May 29). Email overload is costing you billions ——Here's how to crush it. *Forbes.*
(14) Perlow, L. A., Hadley, C. N., & Eun, E. (2017, July–Aug). Stop the meeting madness. *Harvard Business Review.* https://hbr.org/2017/07/stop-the-meeting-madness.
(15) https://en.blog.doodle.com/state-of-meeting-2019 (retrieved 12/08/19).

第 2 章

(1) Averill, J. R. (1980). On the paucity of positive emotions. In Blankstein, K. R., Pliner, P., Polivy, J. (Eds.), *Assessment and Modification of Emotional Behavior. Advances in the Study of Communication and Affect,* vol. 6. Springer, Boston, MA.

第 3 章

(1) Winterich, K. P., Reczek, R. W., & Irwin, Julie R. (2017). Keeping the memory but not the possession: Memory preservation mitigates identity loss from product disposition. *Journal of Marketing* 81(5), 104–20.

第 4 章

(1) Bergman, O., Whittaker, S., Sanderson, M., Nachmias, R., & Ramamoorthy, A. (2010). The effect of folder structure on personal file navigation. *Journal of the American Society for Information Science and Technology* 61(12), 2426–41.
(2) Dewey, C. (2016, October 3). How many hours of your life have you wasted on work email? Try our depressing calculator. *Washington Post.*
(3) Workfront (2017–2018). *The State of Enterprise Work Report: U.S. Edition.* https://resources.workfront.com/ebooks-whitepapers/2017-2018-state-of-enterprise-work-report-u-s-edition (accessed 10/11/17).
(4) Mark, G., Iqbal, S. T., Czerwinski, M., Johns, P., Sano, A., & Lutchyn, Y. (2016, May). Email duration, batching and self-interruption: Patterns of email use on productivity and stress. In *Proceedings of the 2016 CHI Conference on Human Factors in Computing Systems* (1717–28). New York: ACM Press.
(5) Whittaker, S., and Sidner, C. (1996). Email overload: Exploring personal information management of email. *Proceedings of CHI '96,* ACM Press, 276–83.
(6) Iqbal, S. T. and Horvitz, E. (2007). Disruption and recovery of computing tasks: Field study, analysis, and directions. In *Proceedings of the SIGCHI Conference on Human*

原注

第1章

(1) OfficeMax (2011). *2011 Workspace Organization Survey.* http://multivu.prnewswire.com/mnr/officemax/46659/docs/46659-NewsWorthy_Analysis.pdf (accessed 10/11/17).
(2) Saxbe, D. E., & Repetti, R. (2010). No place like home: Home tours correlate with daily patterns of mood and cortisol. *Personality and Social Psychology Bulletin* 36(1), 71–81.
(3) Kastner, S., & Ungerleider, L. G. (2000). Mechanisms of visual attention in the human cortex. *Annual Review of Neuroscience* 23, 315– 41.
(4) Brother International (2010). White paper: *The Costs Associated with Disorganization.* http://www.brother-usa.com/ptouch/meansbusiness/ (accessed 10/9/17).
(5) Morrow, P. C., & McElroy, J. C. (1981). Interior office design and visitor response: A constructive replication. *Journal of Applied Psychology* 66(5), 646–50; Campbell, D. E. (1979). Interior office design and visitor response. *Journal of Applied Psychology* 64(6), 648–53.
(6) Vohs, K. D., Redden, J. P., & Rahinel, R. (2013). Physical order produces healthy choices, generosity, and conventionality, whereas disorder produces creativity. *Psychological Science* 24(9), 1860– 67.
(7) Kastner, S., & Ungerleider, L. G. (2000). Mechanisms of visual attention in the human cortex. *Annual Review of Neuroscience* 23, 315– 41.
(8) Belk, R., Yong Seo, J., & Li, E. (2007). Dirty little secret: Home chaos and professional organizers. *Consumption Markets & Culture* 10, 133– 40.
(9) Raines, A. M., Oglesby, M. E., Unruh, A. S., Capron, D. W., & Schmidt, N. B. (2014). Perceived control: A general psychological vulnerability factor for hoarding. *Personality and Individual Differences* 56, 175–79.
(10) Workfront (2017–2018). *The State of Enterprise Work Report: U.S. Edition.* https://resources.workfront.com/ebooks-whitepapers/2017-2018-state-of-enterprise-work-report-u-s-edition (accessed 10/11/17).
(11) Deal, J. J. (2015). White paper: *Always On, Never Done? Don't Blame the Smartphone.*

著者紹介

近藤麻理恵（こんどう・まりえ）

オンラインコミュニティ「こんまりサロン」主宰。

幼少期より片づけに興味を持ち、19歳から片づけコンサルティング業務をスタート。

大学卒業後は一般企業の営業職としてダブルワークをしながら、オフィススペースと個人宅の片づけコンサルタントとして活動し、独立。

著書『人生がときめく片づけの魔法』は世界40ヶ国以上で翻訳され、1,200万部突破のベストセラーに。

2015年に米『タイム』誌の「世界で最も影響力のある100人」に選出。

Netflixにて自身の冠番組を持ち、当番組はエミー賞2部門にノミネートされるなど、世界規模での片づけブームを巻き起こしている。

こんまりサロンHP：https://konmari-salon.jp/

公式HP：https://konmari.jp/

スコット・ソネンシェイン

ライス大学経営学院教授（ヘンリー・ガーデナー・シモンズ・プロフェッサー)。バージニア大学卒業後、ケンブリッジ大学で修士号を、ミシガン大学で組織行動論の博士号を取得。研究、教育、講演の各分野で数多くの受賞歴がある。創造力を発揮し、既存のリソースを最大限に活用することによって働き甲斐を発見し、成功へと近づく方法を、多くの人に示してきた。戦略コンサルタントとして活躍した後、シリコンバレーのマーケティング関連スタートアップ企業に参加。『ニューヨークタイムズ』『タイム』『ファストカンパニー』『ハーバードビジネスレビュー』などの各紙誌に執筆多数。

訳者
古草秀子（ふるくさ・ひでこ）
翻訳家。青山学院大学文学部英米文学科卒業。ロンドン大学アジア・アフリカ研究院（SOAS）を経て、ロンドン大学経済学院（LSE）大学院にて国際政治学を専攻。訳書に、ケイン『内向型人間が無理せず幸せになる唯一の方法』、ヘックマン『幼児教育の経済学』、レイソン『シンドラーに救われた少年』、グローガン『マーリー』、カーソン『失われた森』、ピアス『水の未来』など多数。

Joy at Work ジョイ・アット・ワーク
片づけでときめく働き方を手に入れる

2020年 9月20日　初版印刷
2020年 9月30日　初版発行

著　者　近藤麻理恵　スコット・ソネンシェイン
訳　者　古草秀子
発行者　小野寺優
発行所　株式会社河出書房新社
〒151-0051　東京都渋谷区千駄ヶ谷2-32-2
電話　03-3404-1201［営業］　03-3404-8611［編集］
http://www.kawade.co.jp/

ブックデザイン　石間淳
編集協力　鮫川佳那子
組　版　ユノ工房 中尾淳
印刷・製本　三松堂株式会社

Printed in Japan
ISBN978-4-309-24974-2